国家自然科学基金"不法公职人员洗钱行为及其洗钱网络拓扑结构分析"（项目批准号：71273159）

教育部规划项目"公职人员转移非法所得的途径与上游经济犯罪类型的关联性分析"（项目批准号：10YJA630182）

不法公职人员上游经济犯罪与下游非法资产处置途径

薛耀文　郭　佩　郭悦超　刘利利

王亚琼　张　乔　李琼婕　高　翔　　著

中国金融出版社

责任编辑：张怡烜
责任校对：孙　蕊
责任印制：陈晓川

图书在版编目（CIP）数据

不法公职人员上游经济犯罪与下游非法资产处置途径（Bufa Gongzhi Renyuan Shangyou Jingji Fanzui yu Xiayou Feifa Zichan Chuzhi Tujing）/薛耀文等著 . —北京：中国金融出版社，2015. 2

ISBN 978 - 7 -5049 -7742 -7

Ⅰ.①公…　Ⅱ.①薛…　Ⅲ.①国家机关工作人员—经济犯罪—研究—中国　Ⅳ.①D924. 334

中国版本图书馆 CIP 数据核字（2014）第 295917 号

出版
发行　**中国金融出版社**

社址　北京市丰台区益泽路 2 号
市场开发部　（010）63266347，63805472，63439533（传真）
网 上 书 店　http://www.chinafph.com
　　　　　　（010）63286832，63365686（传真）
读者服务部　（010）66070833，62568380
邮编　100071
经销　新华书店
印刷　保利达印务有限公司
尺寸　169 毫米×239 毫米
印张　12. 25
字数　191 千
版次　2015 年 2 月第 1 版
印次　2015 年 2 月第 1 次印刷
定价　36. 00 元
ISBN 978 - 7 -5049 -7742 -7/F. 7302
如出现印装错误本社负责调换　联系电话（010）63263947

前　　言

公职人员廉洁自律是构建和谐廉洁型政府的必要条件。近年来，涉及公职人员的大案要案串案频发，严重影响了干群关系，影响到执政党的地位，影响到和谐社会的构建。遏制公职人员犯罪，需要制度和条例约束，需要法律来威慑，需要公职人员的自律。

本书以我国已经公开审理的案件为基准，通过大量的案例分析与归纳统计，辨识不法公职人员转移非法所得的途径与上游经济犯罪类型之间的关联关系，研究资金转移过程中的关键路线与关键步骤，探究影响公职人员上游经济犯罪的因素以及转移不法所得的影响因素。通过研究，取得了以下几个方面的成果。

1. 公职人员上游敛财与下游资产处置关系分析

围绕公职人员上游敛财与下游不法资产处置关联关系这一研究主题，在理论分析与典型案例分析的基础上，采集了 530 名公职人员经济犯罪样本数据，统计了不法公职人员上游犯罪的类型、行业、资产处置手段等分布情况，对影响上游敛财与下游资产处置方式的因素进行了关联性分析，得出了公职人员上下游经济犯罪的影响因素及影响路径。通过构建有序逻辑回归模型，得出公职人员非法资产处置方式的直接影响因素，并对公职人员的非法资产处置方式进行预测分析。

2. 公职人员经济犯罪的心理过程及其心理特征分析

围绕公职人员上游敛财与下游不法资产处置过程，基于效用理论和犯罪心理理论等方法，研究了不法公职人员在敛财不同阶段以及资产处置不同阶段的心理演变过程与风险偏好。运用风险成本理论，构建出公职人员资产处置模型，根据案例统计与分析，得出公职人员犯罪心理过程为原始刺激引发初反应、经济犯罪动机产生伴随反应、经济犯罪行为产生结果反应、再次经济犯罪行为导致恶性循环反应的整体过程。

3. 高低级别公职人员经济犯罪隐蔽性及其行为决策差异比较

围绕公职人员上游敛财与下游不法资产处置影响因素这一主题，根据调查，提出了年龄、级别、教育、家庭环境是影响因素的假设并验证了这些假设，同时证明级别对个人因素影响最为显著。通过构建公职人员效用函数，得出影响公职人员决策过程的因素包括个人效用偏好结构、既有效用量、风险偏好和惩治力度。通过构建二元 Logistic 回归模型，选取潜伏期、敛财手段和资产处置方式作为公职人员经济犯罪隐蔽性的指标，得出高级别公职人员比低级别公职人员经济犯罪更加隐蔽。影响高级别公职人员经济犯罪隐蔽性的主要因素是潜伏期、犯罪次数、所得来源，影响低级别公职人员经济犯罪隐蔽性的主要因素是年龄、教育程度、家庭状况等个人因素。

4. 公职人员与非公职人员经济犯罪比较研究

我国公职人员和以民营企业家为代表的非公职人员经济犯罪特征：官商勾结现象严重，尤其在公职人员经济犯罪中更为常见；公职人员的经济犯罪类型主要为受贿，多发于政府机关和国土、城建等权力和资源集中的垄断部门，而非公职人员的犯罪则主要集中在房地产和金融业，案发原因多是融资和企业经营，体现了公职人员权力缺乏监督、滥用权力获利，而非公职人员则由于管理缺失、弄虚作假、非法经营牟取暴利等特征。基于前景理论对两者的经济犯罪决策过程进行对比分析，结果显示：两者的经济犯罪是风险追求的结果，且非公职人员比公职人员更冒险，参考点更高，犯罪金额更多；在特定的损失厌恶系数和监督惩罚条件下，增加公职人员既有财产和未来收益，对于减少腐败和降低其危害更加有效，但不总是有效的；损失厌恶系数是影响两者经济犯罪的共同因素，但控制公职人员的损失厌恶系数更可行。

5. 不法公职人员洗钱方法组合与防范策略

通过分析认为，时间、风险、成本和转移量是不法公职人员通过洗钱方式转移不法所得时考虑的主要因素。在研究不法公职人员洗钱网络图的基础上，构建了基于时间压力条件下的最小风险最大洗钱量模型，利用多目标规划方法和最小费用最大流理论给出了求解该模型的算法，并通过实例验证了该算法的有效性。依据洗钱模型与算法，从资金来源、洗钱成本、交易时间等方面提出了遏制不法公职人员洗钱的措施。

6. 遏制公职人员经济犯罪的监测方法

　　围绕如何监测公职人员上游经济犯罪与下游不法资产处置这一主题，提出了公职人员在工作、生活、心理、收入以及为人处世等方面存在的不同于正常公职人员表现的异常行为与特征，从消费视角总结出不法公职人员基础性消费品质化、奢侈性消费常态化、发展性消费国际化的特征。根据公职人员异常特征，提出了基于家庭为单元的公职人员经济犯罪监测思路，并提出了工作与收入、家庭生活与消费方向、收入与消费额度三个方面相互匹配的监测原则，通过仿真与实验验证了监测准则的合理性与可行性。

　　本著作得到国家自然科学基金"不法公职人员洗钱行为及其洗钱网络拓扑结构分析"（项目批准号：71273159）、教育部规划项目"公职人员转移非法所得的途径与上游经济犯罪类型的关联性分析"（项目批准号：10YJA630182）的资助。

目　　录

第1章　公职人员上游经济犯罪与下游不法资产处置类型研究

1.1　公职人员定义

关于公职人员的范围，联合国《反腐败公约》提出，"公职人员"是指：（1）无论是经任命还是经选举而在缔约国中担任立法、行政、行政管理或者司法职务的任何人员，无论长期或者临时，计酬或者不计酬，也无论该人的资历如何；（2）依照缔约国本国法律的定义和在该缔约国相关法律领域中的适用情况，履行公共职能，包括为公共机构或者公营企业履行公共职能或者提供公共服务的任何其他人员；（3）缔约国本国法律中界定为"公职人员"的任何其他人员。但"公职人员"也可以指依照缔约国本国法律的定义和在该缔约国相关法律领域中的适用情况，履行公共职能或者提供公共服务的任何人员。

我国台湾地区的有关法律规定公职人员包括：政务人员、常务人员、司法审检人员、公营事业单位人员以及民选地方首长，包括在各级政府机关、公立学校、公营事业机构担任组织法规所定编制内职务支领俸（薪）给之人员。其中，"各级政府机关"包括"中央政府"及其所属机关、地方政府及其所属机关、各级民意机关；所称"公立学校"包括公立各级学校；所称"公营事业机构"包括国营、省（市）营及县（市）营之各类事业机构等。

表 1-1　　　　　　　　　各国公职人员范围界定

国家　　　　　范围	国家公职人员范围界定
英国（小范围型）	政府系统中非选举产生和非政治任命的事务官
美国（中范围型）	政府系统中的所有公职人员以及公共事业单位的人员和国营企业的管理人员
日本、法国（大范围型）	政府系统中的所有公职人员、国会工作人员、审判官、检察官以及国有企业事业单位的工作人员

1

我国公职人员也有相应的界定，即在各级国家权力机关、行政机关、审判机关、检察机关和军事机关中从事公务的人员。在各级党委和常设机关以及政协机关中从事公务的人员，也视为国家机关工作人员。此外，还包括在国有公司、企业、事业单位、人民团体中从事公务的人员和国家机关、国有公司、企业、事业单位委派到非国有公司、企业、事业单位、社会团体从事公务的人员，以及其他依照法律从事公务的人员。

我国公职人员从宏观上大体可分为十类，分别是：行政机关工作人员、党务机关工作人员、国家权力机关工作人员、国家审判机关工作人员、国家检察机关工作人员、军事机关工作人员、企业单位管理人员、人民团体工作人员、事业单位工作人员以及其他依照法律从事公务的人员。

其中，公务员又可分为政务类和业务类两种。政务类分为：职业党务工作者、政府组成员、政治任命人员和特别职务公务员。业务类分为：行政管理类公务员、专业技术类公务员、行政执法类公务员和后勤保障类公务员。

本书对公职人员经济犯罪案例的研究，将人民团体和军事机关这两类排除在本书的研究范围之外。在此对公职人员研究范围做了修改和补充，将公职人员分为五类，分别是：国家权力机关工作人员，国家行政、审判、检察、党务机关工作人员，金融机构工作人员，大中型国有控股公司管理人员，事业单位工作人员。其中，金融机构工作人员与大中型国有控股上市公司管理人员之间有交叉部分。

1.2 公职人员上下游经济犯罪的研究

1.2.1 上游经济犯罪类型研究

贪污罪：指国家工作人员和受国家机关、国有公司、企业、事业单位、人民团体委托管理、经营国有财产的人员，利用职务上的便利，侵吞、窃取、骗取或者以其他手段非法占有公共财物的行为。

作为贪污罪客体物质表现有：公共财物、国有财物、非国有单位的财物。

受贿罪：指国家工作人员利用职务上的便利，索取他人财物的，或者非法收受他人财物，为他人谋取利益的行为。构成受贿罪需要的要件有：国家工作人员主观方面人为故意的、利用职务上的便利、索取收受他人财物、为他人谋取利益、斡旋受贿。

受贿罪主体是指实施利用职务上的便利，索取他人财物，或者非法收受他人财物，为他人谋取利益的行为，依法应当负刑事责任的自然人和单位。自然人主体是指达到刑事责任能力的自然人。单位主体是指实施危害社会行为并依法应负刑事责任的公司、企业、事业单位、机关、团体。

受贿罪的犯罪对象是财务，即属于商品范畴，因此具有物质性利益的且以客观形态存在的一切财务都属于受贿罪对象范畴。

挪用公款罪：指国家工作人员，利用职务上的便利，挪用公款归个人使用，进行非法活动的，或者挪用公款数额较大、进行盈利活动的，或者挪用数额较大、超过 3 个月未还的行为。

本罪的主体是特殊主体，即国家工作人员，这里所说的国家工作人员与前述贪污罪中国家工作人员的内涵、外延基本相同。

本罪侵犯的客体，主要是公共财产的所有权，同时在一定程度上也侵犯了国家的财经管理制度。挪用公款罪侵犯的直接客体是公款的使用权，同时行为人挪用公款后必然占有，有的还因此获得收益。而所有权包括占有、使用、收益、处分四种既相互联系又具有相对独立性的权能，因此对所有权权能的侵犯也必然是对所有权的侵犯。

1.2.2　下游非法资产处置研究

公职人员经济犯罪的现象日益增多。与此同时，他们对非法资产的处置也是多种多样，或大肆挥霍、挥金如土；或贿赂买官、投机钻营；或置办房产、投资入股；或四处隐匿、转移境外。公职人员非法资产的处置不仅严重影响到国家的社会秩序，造成巨大的经济损失，还给公安机关和检察机关的执法监察带来一定难度，导致侦测成本增加。

伴随着社会经济生活的日益发展，公职人员对非法资产处置的方式更趋隐蔽，犯罪的智慧化程度也更高了。

洗钱：其类型大致分为，以他人名义存入银行、开设公司、购买商品房、投资房地产，有的甚至在境外开设公司，为其犯罪所得披上合法的外衣。

奢侈纵欲：对于不法公职人员来说，对钱、色的占有往往同步实施。对权力的占有欲与对资产的占有欲往往同步实施，并互相促进愈演愈烈。

豪赌：有很大一部分贪官也嗜爱赌博，因为赌资的缺乏，才将手伸向了手中掌握的公共权力。在对公共财产进行非法占有之后，又通过赌博对非法所得进行挥霍，其犯罪行为循环往复，直到被查处。

"裸官"外逃："裸官"是指配偶和子女均迁居国（境）外、在国（境）外定居或加入外国国籍或取得国（境）外永久居留权，而自己却留在国内的官员。

匿藏：某县原副县长袁某，利用手中的权力，贪污公款约558万元，有"沂蒙第一贪"之称。为了藏钱，袁某穷尽了所有的智慧——先是以妻子、孩子和亲戚的名义分100多次分别存入济南、日照、临沂、沂南、蒙阴等地的37家银行，再将存折、首饰、金条、金块、账本等物品放入一个"铁观音"茶叶罐里，然后埋在家中的花池里。

购置房产：近些年来，随着房价的高涨，不法公职人员用赃款购置房产已成为一种普遍现象。他们大多数以亲人的名义在京、沪等一线城市购房，在掩人耳目的同时，也得到了巨额的收益。某县煤炭局原局长郝某利用职权开办煤矿获取巨额利益，违法违纪所得存款及现金余额1.2亿多元；从2003~2008年多次利用违法违纪资金在北京、海南、临汾等地购置房产36套。

慈善：最近，"慈善"的丑闻不断曝光，有一些人以慈善为外衣，却做着法律道德所不允许的事情。慈善也成为不法公职人员处置赃款的摇篮。他们以慈善为幌子，将一部分的非法所得向希望工程、福利事业捐款和大搞"形象工程"，以掩盖其犯罪的本质，误导媒体，欺骗组织，蒙蔽群众。某省国资委原副主任王某受贿953万元。王某知道做善事得民心的常理，为掩人耳目，他用受贿的55万元分几次捐给老家，用于修建学校、道路等设施。当地群众提起王某，都说他是个好官。该不法公职人员将非法资产用于慈善。

上交"红包"：多数贪官都会在贪污受贿后以"红包"的方式行贿上级，收买下级，以此来掩盖其犯罪事实，逃避上级的监察和群众的举报。某市副市长雷某，在其忏悔录中写道："为了掩盖自己的受贿，每年过节我都会向纪委交一些小的红包礼金。为了方便自己违法犯罪，我学会了开车，这样有许多事就避开了司机，其实这也是逃避监督的一种手段"。该不法公职人员将部分赃款用于向上级行贿，以此逃避纪检部门的监察。

投资公司、转移境外：投资公司，表面上是别人代为经营打理，实际上的经济所得全部是不法公职人员占有。同时，可以通过子女在国外读书，通过支付教育费等方式，使非法所得流出国外。某省政协副主席庞某，早在 2002 年初，便悄悄给妻子和女儿办了移民加拿大的各种手续，年底，妻女移居加拿大。此后，庞某"全裸做官"，利用职务之便大肆收受贿赂，再用各种方式将资产"暗度陈仓"到国外。此外，他还违规批准下属所开的金融投资公司，任其长期非法从事金融业务活动，仅仅一年，该公司就取得 1.2 亿元人民币的黑色收入，庞某也赚得盆满钵满。该不法公职人员的资产处置方式有两种，一是投资公司；二是转移境外。

从上述典型案例中可以看出，犯罪人员的非法资产处置出现了许多新的形式：以他人名义将赃款存入银行；以五花八门的手法匿藏非法所得；将非法资产转移境外，"裸官"出逃；用赃款在北京、上海等一线城市大量购置房产；为了掩盖犯罪事实，将赃款用于慈善事业。这些都是新型非法资产的处置方式，而且在近年来的大案要案中频频出现。

1.3　公职人员经济犯罪心理研究初探

目前已有的研究对不法公职人员经济"犯罪前"和"犯罪后"两阶段心理特征进行了描述性分析，认为犯罪人员在犯罪前的动机主要有：贪婪享乐、攀比从众、劳苦补偿、预设退路、有权不用、过期无效等；犯罪人员在案发后会出现恐惧畏罪、抗拒抵赖、悲观绝望、自负侥幸和悔罪自责等心理状态。

攀比心理：有些犯罪公职人员，出身比较清贫，从小在农村长大，读书与工作的各个阶段都经历过许多磨难。刚刚参加工作时，对工作尽职尽责且表现出色，在工作岗位上作出了一定的贡献，被委以重任，拥有一定的权力。但是，随着与社会交往面的不断扩大，他们的人生观、世界观、价值观发生了变化，认为自己为集体、国家付出了许多，得到的回报却很少。特别是看到周围一些人生活阔绰，心理产生不平衡感，就借职务之便，利用手中的权力或利用自己经管单位财务之便，贪污受贿，进行权钱交易，逐渐走向了犯罪的道路。

从众心理：贪污贿赂犯罪是一个社会顽疾，受社会诸多因素的影响，诱使更多的人铤而走险。在检察机关查处的贪污贿赂案件中，窝案、串案呈增多趋势。当办案人员问及犯罪的原因时，大多数人回答："社会风气都是这样，周围的人都这么做，也没有出事，自己有机会不这样做，别人会以为自己傻。"有的人原来在工作中能够一直廉洁从政，但看到周围人的贪污贿赂犯罪行为屡次得逞，没有受到法律的应有制裁，因此渐渐地对贪污贿赂犯罪产生了认同感，进一步萌生了实施贪污贿赂犯罪的心理动因，一旦机会成熟，他们就会将犯罪行为付诸实施。

补偿心理：有的不法公职人员在任职期间，受他人请托，利用职务之便，替人办事后，总希望能得到回报。在这种心理的作用下，他人为报答有所"送"，便觉得是主动奉送，并非是自己索要，也就"收"得理所当然。这一"收"一"送"，往往是在隐蔽的情况下，或以回扣、好处费、贺礼等名义，以非常巧妙的手段完成。另外，也有国家工作人员自恃对国家贡献大，为事业奉献多，同时抱怨国家给予的报酬少，在这种图报心理的作用下，便把手伸向了公款。

投机心理：贪污贿赂犯罪是一种职务犯罪，犯罪人职务行为的连续性为其连续或重复实施犯罪创造了比较大的便利条件。贪污贿赂犯罪的智能特点，决定了犯罪主体较其他主体具有更强的甄别和选择作案机会的能力。绝大多数贪污贿赂犯罪人员在犯罪预备阶段，都会有这样一种投机心理，即充分利用自认为的隐蔽性强、不易被发觉的作案机会进行犯罪活动。这种心理典型地体现在挪用公款购买股票、期货的案件中。只有当行为出现失误或意外，才开始"拆东墙、补西墙"，从而越陷越深。

满足心理：与其他刑事案犯一样，贪污贿赂犯每次作案的成功，都会使犯罪人的欲望得到满足，从而产生愉快的心理体验，同时这种体验能极大地强化犯罪心理，进一步使其犯罪心理结构更趋巩固。例如，某市政府办公室主任陈某贪污公款后，常常在夜深人静之时将其取出查点、欣赏。

贪得无厌心理：犯罪心理会在一次次犯罪成功的信息中稳固下来，形成一个犯罪心理的恶性积淀。这些恶性心理的积淀，在一定外界诱因的作用下，一旦有机遇，便会形成新的犯罪动机。这样贪污贿赂罪犯经过多次犯罪后，对物质财富的贪得无厌心理越来越强，胆子也越来越大，他们为了成功甘冒受法律制裁的风险。这种贪婪性是犯罪心理恶性循环的必然结果。

公职人员犯罪心理的演变经过三个阶段：蛰伏期、发展期、爆发期。在蛰伏期，公职人员由天生具有的性格特征：上进、有胆识、有野心、有虚荣心、有抱负、有克制力、有对权力的欲望等，逐渐演变为对金钱的欲望膨胀，克制力下降，上进心扭曲。在发展期，不法公职人员的心理特征逐渐演变为对金钱、权力欲望的膨胀，抱负的扭曲，野心、虚荣心的扩张；在爆发期，其野心无限扩张，胆识扭曲并且发挥作用，进入前文所说的贪得无厌阶段。

第 2 章　不法公职人员犯罪
信息调查与描述性统计

2.1　案例信息表的设计原则

2.1.1　设计目的

不法公职人员滥用手中职权进行经济犯罪，给国家社会带来不稳定因素。其经济犯罪行为与非法所得的处置途径各不相同，但是，从深层次来看，有一定共性及规律可循。

本章以不法公职人员为研究对象，以得出影响其上下游经济犯罪的因素，及下游非法资产处置情况与经济犯罪之间的关联性为研究目的。通过对数据进行统计学分析，得出公职人员经济犯罪与资产处置的关联路径、影响公职人员经济犯罪的因素与影响非法资产处置的因素。

2.1.2　设计原则

调查信息表的设计需要遵循一定的原则，在指标的选取方面，要使得指标的数量适度，过多或过少的指标会使得指标之间的共线性加强，或者指标不能够很好地反映所要研究的问题。同时，指标的选择不能够主观臆断，要在之前的研究者研究的基础上，尊重客观事实。

1. 科学性

根据本书研究的内容，信息表中的指标或变量要能够客观且完整地对公职人员的经济犯罪情况、犯罪心理、资产处置方式进行科学地界定与说明，使其具有一定的科学性。这是科学正确研究的前提。

2. 现实性

社会经济的发展，使得影响公职人员经济犯罪的因素日益增长，本书选择的指标变量应能够与当前社会经济发展相适应，能够切实地反映出当前影响经济犯罪的因素与真实反映当前不法公职人员非法所得的处置方式。通过阅读案例资料、不法公职人员的回忆录等来使得变量的选择更具现实性。

3. 可测性

由于本研究最终要落实到用实际数据来说明一定的问题，因此变量的可测性与否将是影响研究的一大关键因素。因此，在选取变量指标的时候，尽量选取可以量化的指标，对于不容易量化的指标，通过阅读文献资料，学习之前研究者使用的研究方法，对指标进行合理量化。

4. 简捷性

由于犯罪情况包括众多因素，因此在变量的选择上要尽量使变量具有简捷性，要选择最有代表性同时又最容易说明问题的变量进行研究。

2.2　数据的采集与指标的设计

2.2.1　数据的采集方法

本书调查数据来自两个方面：一方面，来自 2008 ~ 2011 年某省两个地级市所有的公职人员经济犯罪信息；另一方面，来自中国预防腐败网公开的部分案例和数据。采集数据的方式包括：阅读检察、审判机关对不法公职人员的立案判决资料、采访办案人员、网上搜集已公开的犯罪人员信息等。其中，实地调研样本数为 530 个，网上搜集案例的样本数为 200 个，共计 730 个样本。

案例调查是在检察机关工作人员的指导下，以广泛阅读案例、尊重客观事实为基础的，在正式的数据采集之前，向工作人员进行了咨询，并同时研究了 50 个样本，做了预调研工作。

2.2.2　指标的设计

1. 本书分析影响公职人员经济犯罪的因素大体包括个人素质、个人情况、个人心理、环境影响等方面，为此本书将以上方面进行定性分析归为两类：个人因素与心理因素。指标的设计目的是了解和掌握不法公职人员的基本情况，为下一步的因素辨识及关联性研究做基础。个人因素是对不法公职人员个人情况的客观描述，心理因素是指不法公职人员在进行经济犯罪时最初心理动机与犯罪期间的心理变化。

本书将个人因素归为 9 项，包括性别、年龄、政治面貌、受教育程度、公职人员类型、所在级别、成长的家庭状况、所处行业、现单位工作年限。

将心理因素归为两类，包括实施犯罪行为的直接动机、犯罪的心理特征。

2. 为得出不法公职人员的上游经济犯罪与非法资产处置之间的关联性，本书首先确定了关联性研究需包含的项目：个人因素、心理因素、犯罪情况与资产处置途径。

不法公职人员的犯罪情况指标的设计目的在于了解和掌握公职人员的犯罪情况，即法院判决认定的犯罪情况。不法公职人员非法所得资产处置情况的含义是指公职人员在获得非法所得之后，对非法所得是通过什么途径、使用什么方式处置的。

表 2 – 1　　　　　　　　　　公职人员犯罪案例信息表

序号		姓名	
犯罪类型	A1 贪污　A2 挪用公款　A3 受贿　A4 巨额财产来源不明　A5 隐瞒境外存款　A6 私分国有资产　A7 私分罚没财物　A8 行贿　A9 介绍贿赂　A10 单位行贿　A11 对单位行贿　A12 单位受贿　A13 职务侵占　A14 其他		
个人资料	B1 性别：1. 男　2. 女　B2 年龄：（　）　B3 政治面貌：（　） 　　B4 受教育程度： 1. 高中或中专及其以下　2. 大学（本科或专科）　3. 硕士　4. 博士 B5 属于哪类公职人员： 　　1. 国家权力机关　2. 金融机构　3. 国有控股公司　4. 事业单位　5. 行政机关、国家审判机关、国家检察机关及党务机关　6. 基层组织 B6 所在级别： 　　1. 普通职员　2. 基层干部　3. 乡科级　4. 县处级　5. 厅局级　6. 省部级 B7 成长的家庭： 　　1. 干部家庭　2. 工薪家庭　3. 农民家庭　4. 知识分子家庭　5. 个体经商家庭 6. 其他 B8 所处行业： 　　1. 城建房地产　2. 商业　3. 金融　4. 医疗卫生　5. 交通邮政　6. 社保　7. 教育 8. 政府机构　9. 焦煤　10. 农林业　11. 其他 B9 现单位工作年限：（　）		

续表

犯罪情况	C1 首次犯罪年龄：（　）　　C2 从犯罪到案发的时间：（　）　　C3 首次犯罪的金额：（　） C4 犯罪总金额：（　）　　C5 平均晋升一级所用的时间：（　）无晋升 C6 身边同时参与犯罪的人员： 1. 家属　2. 情人　3. 朋友同事　4. 其他亲属　5. 无其他人参与 C7 有无向别人行贿行为：　1. 有　2. 无　行贿金额：（　） C8 犯罪行为主要实施手段： 1. 货币　2. 物品　3. 房地产　4. 股权　5. 其他 C9 资产处置途径： 1. 匿藏　2. 存入银行　3. 挥霍　4. 流出境外　5. 行贿　6. 洗钱　7. 日常消费　8. 购置房产　9. 投资经营　10. 借予他人　11. 其他 C10 犯罪行为的暴露路径： 1. 银行系统监测发现　2. 自行发现　3. 举报　4. 自首　5. 公安、监察部门移交 C11 行贿去向： 1. 下属　2. 同级　3. 掮客　4. 亲属　5. 情人　6. 利益相关人　7. 其他 C12 被判何种刑罚：（　）　　C13 犯罪次数：（　）
犯罪 动机及 心理特征	D1 犯罪行为的直接动机： 1. 为子女铺路　2. 为自己养老　3. 居"官"自傲　4. 为他人谋取利益　5. 贪图钱财 6. 被动　7. "亲戚情"　　8. 其他 D2 犯罪心理特征： 1. 贪婪　2. 攀比、虚荣　3. 功利、交易　4. 侥幸、冒险　5. 投机　6. 仿效、从众　7. 失衡补偿

　　不法公职人员犯罪情况的内容主要包括犯罪人、犯罪时间、犯罪手段、犯罪类型、犯罪金额等方面。通过设计指标对不法公职人员的犯罪情况进行定性定量，包括犯罪类型、首次犯罪年龄、潜伏期、首次犯罪金额、犯罪总金额、平均晋升一次所需时间、身边同时参与的犯罪人员、犯罪行为的主要实施形式、犯罪行为的暴露途径、判刑情况、犯罪次数、受贿所得来源，共 12 项。资产处置途径指标包括下游转移途径种类、下游转移途径方式、有无行贿行为、是否涉及洗钱行为，共 4 项。

2.2.3 信息采集中现实与理论的差异分析

在进行实地调研中，检察机关供查阅的资料有两类，包括不法公职人员犯罪行为的立案信息与不法公职人员的判决书。立案信息中描述了不法公职人员年龄、受教育程度、级别等客观信息，但缺失了对不法公职人员的行业、工作年限、家庭成长情况等信息的描述，这从侧面反映了本书所要研究的内容恰恰是检察机关所忽视的内容；另外检察机关在侦破案件之后，很少深层次分析犯罪者个人背景、心理因素是否对上游经济犯罪有影响，上游经济犯罪是否与下游资产处置方式有潜在关联性。这客观上降低了预防公职人员犯罪的作用，降低了侦测效率，加大了侦测成本和难度。因此检察机关有必要在其原有调查信息表的基础上充实和完善相关信息，如不法公职人员成长的家庭状况、所处行业、晋升情况、有无行贿行为、受贿所得去向等。

2.3 案例的基本数据统计

1. 不法公职人员年龄分布状况

不法公职人员的犯罪年龄主要集中在 40~50 岁，占 40.8%，其中 46 岁现象尤为突出；30~40 岁的占 17.74%，50~60 岁的占 31.50%。

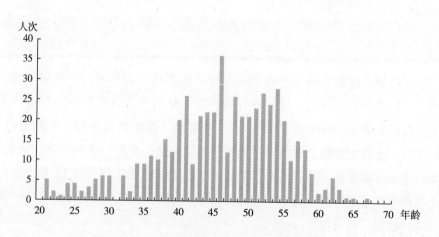

图 2-1 低级别不法公职人员年龄分布

2. 不法公职人员所在机构分布状况

表 2 – 2　　　　　　　　低级别不法公职人员供职机构分布

机构部门	犯罪频次	比例（%）
国家权力机关	32	6
金融机构	54	10. 2
国有控股上市公司	80	15. 1
事业单位	70	13. 2
国家行政机关、审判机关、检察机关及党务机关	96	18. 1
基层组织人员	227	42. 8

由表 2 – 2 得出，不法公职人员犯罪的案例数中，基层组织人员所占比例最高，占 42.8%；国家行政机关、审判机关、检察机关及党务机关工作人员所占比例次之，为 18.1%；大中型国有控股上市公司占 15.1%；事业单位及金融机构分别占 13.2%、10.2%。在所调查案例中，国家权力机关工作人员犯罪案件最少，占总体的 6%。

3. 不法公职人员受教育程度状况

表 2 – 3　　　　　　　　低级别不法公职人员学历分布

受教育程度	高中或中专及以下	大学	硕士
犯罪频次	302	217	1
比例（%）	56. 8	40. 9	0. 2

由表 2 – 3 得出，不法公职人员受教育程度不高，高中或中专及以下占 56.8%；其次是大学学历占 40.9%。

4. 不法公职人员级别分布状况

由图 2 – 2 得知，不法公职人员级别分布主要集中在基层干部级别，占 57.1%；其次是普通职员占总人数的 22.5%；乡科级和县处级的所占比重较少，分别是 15.1% 和 5.3%。

5. 不法公职人员所处行业状况

不法公职人员的犯罪领域主要集中在政府机构，占 33.8%；农林业领域次之，占 14.3%，其中涉及退耕还林款项和粮食直补；金融行业占 13.6%；商业和焦煤行业分别占 8.1% 和 6.6%；在所调查案例中，社保行业犯罪案件最少，占总体的 1.9%。

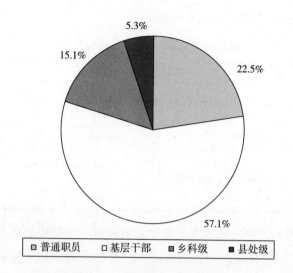

图 2-2　不法公职人员级别分布

表 2-4　　　　　　　低级别不法公职人员行业分布

行业	房产	商业	金融	医疗	交通	社保	教育	政府	焦煤	农林
案例数	27	43	72	26	30	10	24	179	35	76
比例	5.1%	8.1%	13.6%	4.9%	5.7%	1.9%	4.5%	33.8%	6.6%	14.3%

6. 不法公职人员犯罪类型分布状况

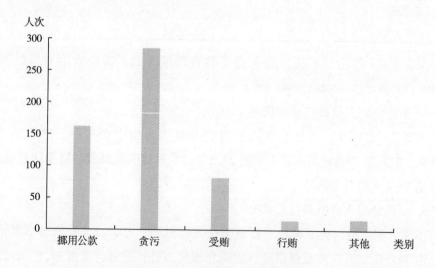

图 2-3　不法公职人员犯罪类型分布

由图 2-3 可知，公职人员犯罪类型主要集中在贪污和挪用公款两个类型，这两个类型占总案件数的 84.1%，其中，贪污罪占 53.6%，挪用公款罪占 30.6%；其次是受贿罪，占总案件的 15.5%；行贿罪占总案件的 2.8%。其他类型包括巨额财产来源不明、单位行贿、介绍行贿、私分国有财产，这四个类型共占总案件的 4.9%。

7. 不法公职人员犯罪金额分布状况

本书将犯罪金额划分为 6 个层次，分别是 2 万元以下、2 万～5 万元、5 万～50 万元、50 万～100 万元、100 万～1 000 万元、1 000 万元以上。不法公职人员犯罪金额分布如图 2-4 所示。数据表明，犯罪金额主要集中在 5 万～50 万元区间上，占犯罪人数的 41%。公职人员的犯罪金额平均为 52 万元。

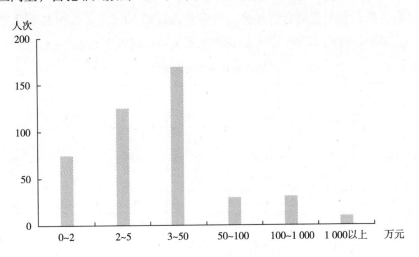

图 2-4　公职人员犯罪金额分布

8. 公职人员非法资产处置方式分布状况

公职人员非法资产处置方式如表 2-5 所示。统计结果显示，非法资产处置方式中，采用消费这种处置方式的为 46.67%，投资处置方式占 30.74%，存入银行占 16.85%，匿藏方式占 3.51%，行贿方式占 2.1%，转移境外比重最低，仅占 0.18%。

表 2-5　　　　　　　　　　　　公职人员非法资产处置方式

资产处置方式	犯罪频次	比例（%）
消　费	252	46.67
投　资	166	30.74
存入银行	91	16.85

资产处置方式	犯罪频次	比例（%）
匿 藏	19	3.51
行 贿	11	2.10
资助子女出国	1	0.18

9. 公职人员非法资产处置方式组合状况

在 530 名公职人员中，三分之二的不法公职人员是以一种方式处置非法资产，这个比例占据了 66.98%。此外，还有 33.02% 的公职人员是以多种方式处置非法资产。选择两种方式处置资产占 14.5%，选择三种及以上方式有 2%，其中选择存入银行和消费组合的最多，占多种选择的 53.2%；其次是消费和投资组合，占多种选择的 41.5%。非法资产处置类型出现频次见表 2-6。

表 2-6 资产处置方式出现频次

处置类型	总频次		单独出现频次		关联频次	
	绝对数	比例（%）	绝对数	比例（%）	绝对数	比例（%）
匿藏	19	3.51	12	3.38	7	3.78
存入银行	91	16.85	42	11.83	49	26.49
消费	252	46.67	178	50.14	74	0.4
资助子女出国	1	0.18	0	0	1	0.54
行贿	11	2.10	4	1.13	7	3.78
投资	166	30.74	119	33.52	47	25.41
合计	540	100	355	100	185	100

第 3 章　公职人员个体因素与经济犯罪的关联性分析

公职人员的腐败行为破坏了正常的经济秩序，给国家造成了巨大的经济损失。如何遏制公职人员的经济犯罪，政府和学者们都在进行积极的探索。本章从实证角度出发，来探索"公职人员上游经济犯罪、下游资产处置方式与其个人因素、心理因素之间存在关联性"。本章结论对查处上游经济犯罪、发现下游非法资产处置方式提供科学的依据，为公安和检察机关提高侦测效率、降低侦测成本提供决策支持。

3.1　公职人员个体因素与上下游经济犯罪的关联模型构建

3.1.1　模型假设

针对研究内容，本章设置了 4 个潜变量和 14 个观测变量。各潜变量的关系假设的提出，是在搜集了相关数据与阅读大量资料的基础上完成的。各观测变量的取值，是通过对不法公职人员的立案书、判决书中的描述进行归类分析而得到的。搜集的资料对各观测变量有明确的客观描述。

潜变量包括四类，分别是：个人因素、心理因素、犯罪情况、资产处置。针对潜变量，提出了四条基本假设，假设如表 3 - 1 所示。

表 3 - 1　　　　　　　　设计的结构路径图和基本路径假设

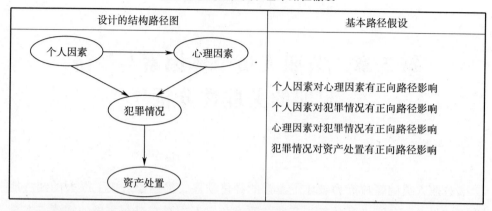

设计的结构路径图	基本路径假设
	个人因素对心理因素有正向路径影响 个人因素对犯罪情况有正向路径影响 心理因素对犯罪情况有正向路径影响 犯罪情况对资产处置有正向路径影响

假设1：个人因素对心理因素有正向路径影响

不法公职人员个人因素对心理因素的影响体现在：不同级别、年龄等的公职人员在实施经济犯罪时会有不同的心理状态。比如，级别较高的不法公职人员在实施经济犯罪的时候，会出于居官自傲的心理，即不法公职人员自己会对自己有较高的定位，认为自己实施犯罪行为是应该的。

假设2：个人因素对犯罪情况有正向路径影响

不法公职人员的个人因素对其犯罪情况的影响是指，不同级别、年龄等的公职人员，其犯罪情况具有不同特征。比如，往往级别高、工作年限长的不法公职人员，犯罪所造成的犯罪金额较大、潜伏期较长等。

假设3：心理因素对犯罪情况有正向路径影响

不法公职人员实施犯罪往往出于不同的心理。银行柜员实施挪用公款的犯罪案件，往往是多名柜员受上级指使，其心理状态往往是"仿效、从众"，认为上级和同事实施犯罪行为，自己也效仿犯罪，进而这种犯罪行为呈现了参与人数多、犯罪金额大的特点。

假设4：犯罪情况对资产处置方式有正向路径影响

犯罪情况对资产处置方式的影响体现在，不同的犯罪行为往往会选择不同的资产处置方式。比如，犯罪金额大的不法公职人员，往往会选择"投资"的处置途径，而犯罪金额较小的不法公职人员，往往会选择"奢侈性消费"的处置途径。

3.1.2　调查指标的同量纲化

针对假设的提出，在进行建立模型之前，对数据进行了同量纲化。同量纲化的步骤主要分为三个：

1. 对有连续型变量进行等距分段。对年龄、工作年限、犯罪金额、参与人数、潜伏期、犯罪次数、判刑情况、资产处置方式的组合情况，共 8 个变量进行等距分段。对有序变量进行分段的依据是：依据统计学的调查研究方法，对于有序变量可以进行等距分段。而间距大小的选择依据是经过多次反复实验之后得出的。

2. 对连续型有序变量分段。对受教育程度、级别 2 个变量进行分段。分段的依据是：首先，受教育程度与级别是依次递增的，且只有前者的存在，才可以有后者的存在，如，只有经过高中教育才可以过渡到大学教育。其次，该分类方法已经被其他学者使用。

3. 对非连续变量的分段。对直接动机、心理特征、犯罪类型、资产处置方式类型，共 4 个变量进行分段。对直接动机与心理特征的分类，是通过不法公职人员心态的复杂程度进行划分的，后者的复杂程度要高于前者；对犯罪类型的排序，是基于对社会的危害程度考虑的，后者对社会的危害程度要高于前者；对资产处置方式类型的排序，是基于不同的处置方式的隐蔽性不同，后者的隐蔽性要高于前者。该分类方法是通过对公职人员犯罪情况的了解，查阅相关文献，例如，之前学者对于公职人员犯罪的心理研究，并结合实际调研中对案例的理解与认识，在此基础上完成变量的同量纲化。

表 3-2　　　　　　　　　　变量同量纲化

潜变量	观测变量	选项	潜变量内涵
个人因素	年龄	1. 30 岁以下　2. 30～40 岁　3. 40～50 岁　4. 50～60 岁　5. 60 岁以上	主要指公职人员本身具备的一些特征，是对公职人员自身情况的客观描述。该组因素能够较全面地概括研究对象各方面的特征。
	受教育程度	1. 高中或中专及其以下　2. 大学　3. 硕士　4. 博士	
	级别	1. 普通职员　2. 基层干部　3. 乡科级　4. 县处级　5. 厅局级　6. 省部级	
	工作年限	1. 1～4 年　2. 4～7 年　3. 7～10 年　4. 10～13 年　5. 13 年以上	

续表

潜变量	观测变量	选项	潜变量内涵
心理因素	直接动机	1. 贪图钱财、享乐 2. 居官自傲 3. "亲戚情" 4. 其他	直接动机，即不法公职人员进行经济犯罪的出发点。心理特征，即不法公职人员在进行经济犯罪期间所发生的心理变化。
	心理特征	1. 贪婪、侥幸 2. 功利、交易 3. 仿效从众 4. 攀比 5. 其他	
犯罪情况	犯罪类型	1. 贪污 2. 挪用公款 3. 受贿	该组因素对不法公职人员在进行经济犯罪时的客观情况进行描述，并描述了不法公职人员受到法律惩罚的情况。
	犯罪金额	1. 5万元以下 2. 5万~30万元 3. 30万~55万元 4. 55万~80万元 5. 80万~105万元 6. 105万元以上	
	参与人数	1. 0人 2. 1人 3. 2人 4. 3人 5. 4人 6. 多人	
	潜伏期	1. 1年以内 2. 2~5年 3. 5~8年 4. 8~11年 5. 11年以上	
	犯罪次数	1. 1次 2. 2~5次 3. 5~8次 4. 8~11次 5. 11次以上	
	判刑情况	1. 免刑 2. 5年以内 3. 5~10年 4. 10~15年 5. 15年以上（包括无期） 6. 死刑	
资产处置	资产处置方式类型	1. 奢侈性消费 2. 匿藏现金 3. 存入银行 4. 投资 5. 其他	该组因素描述了不法公职人员在进行经济犯罪之后对其所得财物的转移情况。
	资产处置方式的组合情况	1. 1种 2. 2种 3. 3种 4. 多种	

3.1.3 关联模型构建

在构建模型之前，本书采用反映内部一致性的指标来测量 14 个可观测变量的数据的信度，信度分析显示 Cronbach's Alpha 系数为 0.917，说明案例所使用的数据具有较好的信度。对潜变量内部的数据做信度检验，参见表 3 - 3。

表 3 - 3　　　　　　　　　　潜变量信度检验

潜变量	可测变量个数	Cronbach's Alpha
个人因素	4	0.672
心理因素	2	0.871
犯罪情况	6	0.846
资产处置	2	0.833

3.2 公职人员个体因素与上下游经济犯罪关联关系的结果分析

本书使用 AMOS7.0 软件对本研究的整体模型进行了分析检验，经过模型的比较优化，得出了模型的整体分析检验结果，参见表 3 – 4。

表 3 – 4　　　　　　　　　常用拟合指数计算结果

拟合指数	卡方值（自由度）	P	CFI	NFI	IFI	RMSEA	AIC	BCC	TLI
结果	149.9 (73)	0.00	0.917	0.908	0.919	0.046	213.88	225.31	0.900
标准值	比值在 1~3	<0.05	>0.9	>0.9	>0.9	<0.05	越小越好	越小越好	>0.9

可以看出，所构建的模型与分析数据是拟合的，说明整体结构模型比较准确地反映了实际情况，因此，使用该模型进行数据分析的结果是可以接受的。

通过构建结构方程模型和结构方程软件，计算理论模型中的各个观测变量对潜变量的因子负载、各个潜在变量之间的路径系数（参见图 3 – 1）。图 3 – 1 中的箭头表示了各变量之间的关系，系数表示了各变量间的影响程度。系数大于零，则可以认为有影响，系数大于 0.5 则可以认为有显著影响。变量均按箭头所指方向，以数字所示程度对其他变量影响。

模型结果显示，四条假设路径具有合理性。

1. 个人因素对心理因素影响显著

个人因素中年龄、受教育程度、级别、工作年限中的 4 个系数，说明其对个人因素有影响，其中，级别对个人因素的影响最显著。即级别的不同在很大程度上影响了不法公职人员的个人因素，或者说，个人因素对其他因素的影响，在很大程度上体现在级别对其他因素的影响。个人因素对心理因素的影响，直接体现在对直接动机、心理特征的影响。

2. 个人因素对犯罪情况影响显著

个人因素对犯罪情况的影响体现在：对犯罪次数、潜伏期、参与人数、犯罪金额、判刑情况、犯罪类型共 6 个方面的影响。个人因素中的数值越高，会

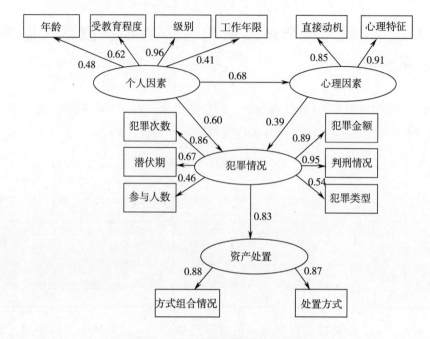

图 3－1　路径系数及载荷系数图

导致犯罪情况中的值越高，其中对犯罪金额、判刑情况、犯罪次数的值提高得最为显著。

3. 心理因素对犯罪情况有影响

心理因素对犯罪情况的影响体现在犯罪情况所包含的 6 个方面。即心理因素越趋于复杂，犯罪情况越严重。

4. 犯罪情况对资产处置方式影响显著

犯罪情况对资产处置方式的影响体现在资产处置方式与资产处置方式组合情况两个方面。犯罪情况越严重，资产处置途径越隐蔽，同时采用的资产处置途径也呈现多样化。

3.3　模型结果所揭示的公职人员经济犯罪特点

现象一：腐败主体呈年轻化趋势

数据统计表明：发生经济犯罪的不法公职人员中，年龄在 45 岁以内的占 43.77%，而年龄在 35～45 岁的不法公职人员占到总人数的 31.69%；数据统计结果同时发现了"40 现象"和"45 现象"。近几年，随着越来越多的"60 后""70 后"的年轻领导干部走上工作岗位，职务犯罪现象逐渐呈现高学历、低龄化现象。这些现象的表面是年轻干部过了 40 岁之后无法再上科级或处级，过了 45 岁后无法再上处级或厅级，但深层次原因在于年轻干部理想信念的缺失。

现象二：奢侈性消费现象日益增多

本书所作的统计中，公职人员在处置其非法所得时，选择"奢侈性消费"这一途径所占的百分比最高。同时在调研中发现，不同级别的公职人员其消费层次不一样。低级别的公职人员以住房、日常奢侈消费为主要支出，而高层次的公职人员，则以高尔夫、会堂馆所、出国、别墅等奢侈消费为主。

现象三：公职人员不健康心理易诱发犯罪

本书统计结果显示，85.66% 的不法公职人员有贪图钱财心态，22.26% 的有为他人谋取利益的心态。构建的模型证明了公职人员的犯罪行为直接受到了其心理状态变化的影响。模型显示：不法公职人员本身具有贪图钱财、攀比虚荣等不当心理，该心理促使其产生了犯罪行为。一些国家公职人员在面对党和国家提供的稳定与优厚的生活保障时，有不知足、攀比的心理，从而诱发了不良的生活方式。而高档次的生活方式都不是一个国家工作人员经济能力所能承受的，因此，不少公职人员就选择了贪污受贿、钱权交易。

现象四：高官腐败危害最为严重

本书模型结果说明：级别越高的不法公职人员，其犯罪情况越为严重，体现为犯罪次数多、潜伏期长、犯罪金额大、参与人数多、判刑严重、犯罪类型越趋向于受贿罪。这些犯罪情况，均对社会造成了很大的影响。我国纪检监察机关的统计数据表明，近 10 年来，省部级落马的高官有 100 多名，涉案金额与人数都有增加。2011 年 1 月判决的原副省级高官宋某的案子，涉及县处级以上干部多达 59 人。

现象五：高官非法资产处置途径多样化、隐蔽化

模型结论显示：级别对非法资产处置有正向的间接影响，级别通过影响犯罪情况，进而影响非法资产处置。级别越高的公职人员，其非法资产的处置途径越多样化、越隐蔽化。2010 年判决的文某案，其非法资产包括房产、股票、银行存款、投资的房产、焦化厂等，同时其还选择了匿藏现金的方式。高官犯罪金额庞大，使其对非法资产处置途径不得不多样化、隐蔽化，以此来躲避公

安、检察机关的查处。

3.4 公职人员非法资产处置途径研究及预测

公职人员的经济犯罪行为在很大程度上影响了社会经济的发展，而他们对非法所得的处置，则在更大程度上影响了社会风气与社会公平。目前，我国对公职人员的经济犯罪行为的研究，尚未涉及对其非法所得的处置方式及影响因素的研究。本章希望通过探索直接影响公职人员非法资产处置的因素，建立关联模型，最终达到预测其非法资产处置途径的目的。将该结论应用于检察机关的侦查工作中，可以了解和掌握公职人员处置非法所得的行为特征，促使检察机关快速锁定不法公职人员的资金转移途径，进一步有效地查处其非法所得，追回国家资产。

3.4.1 公职人员非法资产处置途径

不法公职人员通过贪污、挪用公款、受贿等经济犯罪获得金钱、物品、股权等，他们在获得非法所得之后，往往选择一种或多种方式对其进行转移，以达到掩人耳目的目的。调查发现，不法公职人员往往通过奢侈性消费、匿藏现金、存入银行、投资、行贿等方式进行转移。而由于转移方式的隐蔽性不同、成本不同等原因，不同特征的不法公职人员往往会选择不同的资产处置途径。比如，在非法所得的金额较小时，不法公职人员往往通过挥霍、购买奢侈品将其处置，而当非法所得的金额越来越大时，这些途径往往不能作为其非法资产处置的最主要的途径，他们有可能选择存入银行、匿藏甚至行贿。

表 3-5 公职人员非法资产处置途径表

途径	方式	特点
奢侈性消费	挥霍、奢侈品消费、享受性消费	促使不法公职人员欲望膨胀，加剧腐败产生
匿藏现金	将巨额现金置于隐蔽地点	手段保守，不易被察觉，可躲避银行系统监测
存入银行	以自己或他人名义存入银行	便于隐藏巨额非法所得，便于转账、洗钱
投资	将非法所得投资办厂、购房、购买股票	利于非法资产增值
综合	同时使用多种处置手段	利于风险分散

1. 奢侈性消费：指通过购买豪华、昂贵、稀缺的消费品而追求舒适、快乐的生活享受，并以远远超出社会平均水平的消费形式来表现其消费特征与消费风格。基本表现特征为：昂贵性、稀缺性、符号性、可经济替代性。奢侈性消费在本书中的含义是：不法公职人员的消费水平超过了其正常收入的消费水平。奢侈性消费这种行为导致公职人员产生贪婪、攀比的思想，从而加剧腐败的产生，同时给社会风气带来负面影响。

2. 匿藏现金：指公职人员在获得非法所得后，将现金置于隐蔽场所，避免被人发现。很多公职人员在处置非法所得时会选择"匿藏现金"这种方式，他们将巨额现金秘密藏在保险柜、天花板等隐蔽地点。这种资产处置途径往往可以躲避银行系统的监测。

3. 存入银行：指公职人员将非法所得以自己名义或者他人名义存入一家或多家银行。存入银行作为一种较普遍的资产处置途径，一直以来，都有很多不法公职人员选择这种方式来隐藏非法所得。以他人名义存入银行或存入多家银行的行为，在一定程度上干扰了银行监测。

4. 投资：一般意义上指各种行为主体为实现特定的目的和获得预期的效益，而把其所拥有的财产或资产作为资本运作并形成相应资产的经济社会活动。而不法公职人员通过投资来处置其非法所得的行为是指：其在担任国家公职人员期间，以他人名义或者伙同他人出资办公司、购置房产、购买股票等，以此掩盖其不法行为，同时达到资本增值的目的。

5. 综合：本章对"综合"的定义是不法公职人员选择两种或两种以上的手段对其非法所得进行处置。如，同时选择"奢侈性消费"、"存入银行"、"投资"的方式处置其非法资产，以达到风险分散化。

本书认定以上 5 种非法资产的处置方式为本书的研究对象，通过研究其影响因素，从而对公职人员非法资产处置的途径选择做出预测。

3.4.2　指标体系的构建

指标体系中的指标均来自于实地调研中使用的调查信息表。通过对样本总体的初步分析，在进行模型构建之前提出了 5 项影响因素，包括：年龄、级别、受教育程度、犯罪次数、犯罪金额。本书选取的 5 项影响因素的界定如下。

级别包括六个等级：普通职员、基层干部、乡科级、县处级、厅局级、省部级；

受教育程度包括四个等级：高中或中专及以下、大学（本科或专科）、硕士、博士；

年龄、犯罪金额、犯罪次数三个变量均使用实际调研数据。

指标体系中因变量为资产处置途径：奢侈性消费、匿藏现金、存入银行、投资、综合，共五项分类变量。5 项自变量均为连续变量。本章提出的指标体系特征符合模型要求的前提条件。通过实地调查研究与对数据的初步处理，包括结构方程模型的验证，已证明了本章提出的 5 项因素对公职人员处置非法所得方式有直接或者间接的影响。

3.4.3 有序逻辑回归模型的构建

本章提出五种资产处置途径，根据有序逻辑回归原理，可以得出四个方程。模型以"资产处置途径"为因变量，以年龄、级别、受教育程度、潜伏期、犯罪金额五项因素为自变量做有序逻辑回归。考虑到样本中"犯罪金额"这一项指标的特殊分布，在进行回归之前，先对"犯罪金额"做取以 10 为底的对数处理。

表 3 – 6　　　　　　　　　　模型拟合信息

模型	模型拟合标准	似然比检验		
	−2 对数似然值	卡方	df	显著性
仅截距	1.305E3			
最终	961.568	343.333	12	0.000

表 3 – 7　　　　　　　　　　似然比检验

模型	模型拟合标准	似然比检验		
	−2 对数似然值	卡方	df	显著性
截距	1.020E3	58.808	4	0.000
年龄	981.311	19.742	4	0.001
所在级别	1.017E3	55.390	4	0.000
总金额对数	1.063E3	101.235	4	0.000

将模型数据导入 Spss17.0 中，进行有序逻辑回归。分析的结果是剔除了受教育程度和犯罪次数 2 项指标，剩余级别、犯罪金额对数、年龄三项。回归结

果中的拟合信息（如表 3 - 6，表 3 - 7）显示，模型通过各项检验，同时能得出回归方程。

在模型剔除了无关变量后，得出了以资产处置途径为因变量，以级别、犯罪金额对数、年龄为自变量的回归方程，模型系数如表 3 - 8 所示。

表 3 - 8　　　　　　　　　　　　参数估计

资产处置途径		估计	标准误	Wald	df	显著性	Exp（B）	95% 置信区间	
								下限	上限
奢侈性消费	截距	9.407	1.526	37.990	1	0.000			
	年龄	0.027	0.019	1.997	1	0.158	1.028	0.989	1.068
	所在级别	-0.829	0.181	21.052	1	0.000	0.437	0.306	0.622
	金额对数化	-1.706	0.247	47.748	1	0.000	0.182	0.112	0.295
匿藏现金	截距	2.900	1.324	4.797	1	0.029			
	年龄	-0.035	0.020	3.118	1	0.077	0.965	0.928	1.004
	所在级别	-0.971	0.171	32.393	1	0.000	0.379	0.271	0.529
	金额对数化	0.139	0.180	0.593	1	0.441	1.149	0.807	1.635
存入银行	截距	9.286	1.912	23.595	1	0.000			
	年龄	-0.066	0.027	5.934	1	0.015	0.936	0.888	0.987
	所在级别	-0.086	0.224	0.147	1	0.702	0.918	0.591	1.424
	金额对数化	-1.425	0.310	21.063	1	0.000	0.241	0.131	0.442
投资	截距	1.497	2.303	0.423	1	0.516			
	年龄	0.011	0.038	0.092	1	0.761	1.012	0.939	1.089
	所在级别	0.118	0.282	0.174	1	0.677	1.125	0.647	1.956
	金额对数化	-0.854	0.378	5.098	1	0.024	0.426	0.203	0.893

根据有序逻辑回归的原始方程

$$\pi_{ij}(Y \leq j) = \frac{\exp\{\alpha_j + (\beta_1 X_{i1} + \cdots + \beta_p X_{ip})\}}{1 + \exp\{\alpha_j + (\beta_1 X_{i1} + \cdots + \beta_p X_{ip})\}}, j = 1, 2, \cdots, j - 1$$

式中，P 为自变量的个数。

可以得到本模型的 4 个结论方程：

模型共得出 4 个方程，方程的左边表示每种资产处置方式发生时的累积概率。

π_1 表示资产处置方式为"奢侈性消费"时的累积概率；

π_2 表示资产处置方式为"奢侈性消费"与"匿藏现金"时的累积概率；

π_3 表示资产处置方式为"奢侈性消费"、"匿藏现金"与"存入银行"时的累积概率；

π_4 表示资产处置方式为"奢侈性消费"、"匿藏现金"、"存入银行"与"投资"时的累积概率。

$$\pi_1 = \frac{\exp\{9.407 + (0.027\,年龄 - 1.706\,金额对数 - 0.829\,级别)\}}{1 + \exp\{9.407 + (0.027\,年龄 - 1.706\,金额对数 - 0.829\,级别)\}}$$

$$\pi_2 = \frac{\exp\{2.900 + (-0.035\,年龄 + 0.139\,金额对数 - 0.971\,级别)\}}{1 + \exp\{2.900 + (-0.035\,年龄 + 0.139\,金额对数 - 0.971\,级别)\}}$$

$$\pi_3 = \frac{\exp\{9.286 + (-0.066\,年龄 - 1.425\,金额对数 - 0.086\,级别)\}}{1 + \exp\{9.286 + (-0.066\,年龄 - 1.425\,金额对数 - 0.086\,级别)\}}$$

$$\pi_4 = \frac{\exp\{1.497 + (0.011\,年龄 - 0.854\,金额对数 + 0.118\,级别)\}}{1 + \exp\{1.497 + (0.011\,年龄 - 0.854\,金额对数 + 0.118\,级别)\}}$$

因此，第 n 个概率减去第 $n-1$ 个概率，就可以得出第 n 种情况发生时的概率，最后用 $1-\pi_4$ 就可以得到第5种情况"综合"发生时的概率。

3.4.4　模型结果的说明

本模型能够甄别出直接影响公职人员非法资产处置途径的因素：年龄、犯罪金额、级别三个因素。模型得出的方程组中，系数为正，则说明系数对应的自变量的取值越大，则会使对应非法资产处置途径被选择的概率越大。如，第一个方程中，年龄对应的系数为0.027，则说明年龄越大，不法公职人员会倾向于选择第一种资产处置途径：奢侈性消费。又如，第二个方程中，金额对数对应的系数为0.139，说明金额越大，第二个方程的概率值越大，即选择"奢侈性消费"与"匿藏现金"两种情形时的概率，因此，可以得出不法公职人员越倾向于选择"奢侈性消费"或"匿藏"这两种方式。依此类推，系数为负时，则说明系数对应的自变量的取值越小，则会使对应的非法资产处置途径被选择的概率越小。如，第三个方程中，年龄、犯罪金额对数、级别三项对应的系数都为负，则说明年龄越大、犯罪金额越大、级别越高，不法公职人员更倾向于选择"投资"或"综合"的资产处置方式。

由于有序逻辑回归得出的因变量是一个累积概率值，因此不能够很清晰地看出某一因素对非法资产处置途径的影响，因此本书用此模型来做预测，这样可以较直观地将结论应用于实际。

3.4.5　预测分析

将不法公职人员的级别、犯罪金额、年龄对应代入原公式中，得出 Exp ｛A｝值表示的是模型中的分子，进而求出 π 表示累积概率，然后用每一项的累积概率减去前一项的累积概率，得出当前项的概率 P，进而不同概率对应不同的转移方式，概率最大的情况就是不法公职人员所要选择的情况。

表 3 − 9　　　　　　　　　不法公职人员资产处置方式预测算例

个人情况	Exp ｛A｝值	π	P	转移方式	概率最大
	1.16	0.54	54%	奢侈性消费	奢侈性消费
年龄：27 岁	4.85	0.83	29%	投资	
级别：普通职员	8.3	0.89	6%	存入银行	
犯罪金额：4 万元	9.79	0.91	2%	匿藏现金	
			9%	综合	
年龄：51 岁	0.068	0.064	6.4%	奢侈性消费	
级别：省部级	0.268	0.22	15.6%	投资	
犯罪金额：600	0.486	0.33	11%	存入银行	
万元	0.572	0.36	3%	匿藏现金	
			64%	综合	综合
年龄：39 岁	0.398	0.285	28%	奢侈性消费	
级别：基层干部	1.366	0.577	29%	投资	投资
犯罪金额：29.2	2.117	0.679	10%	存入银行	
万元	2.622	0.724	4%	匿藏现金	
			28%	综合	

如表 3 − 9 内容所示，计算所得结果：年龄为 27 岁，级别为普通职员，犯罪金额为 4 万元的不法公职人员，最有可能选择"奢侈性消费"的方式来处置非法资产；年龄为 51 岁，级别为省部级，犯罪金额为 600 万元的不法公职人员，最有可能选择"综合"的方式来处置非法资产；年龄为 39 岁，级别为基层干部，犯罪金额为 29.2 万元的不法公职人员，最有可能选择"投资"的方式来处置非法资产。

第4章　公职人员经济犯罪心理过程分析

心理决定行为。公职人员经济犯罪行为主要受经济犯罪心理的影响，而犯罪动机则是经济犯罪心理的决策中心。从外界干扰到犯罪行为，公职人员正是接受了外界给予的刺激，获取到了不良的信息，并随之产生不良的主观上的情绪体验。随需求度的加剧，公职人员的经济犯罪动机便应求而出，这些动机直接支配和调节公职人员的行为，当适当的机遇和情景出现时，公职人员会抑制内心的矛盾情绪，以身试法，去实施经济犯罪行为。因此，研究公职人员经济犯罪的心理过程，对遏制和预防公职人员经济犯罪具有重要的现实意义。

4.1　公职人员经济犯罪的根源探讨

4.1.1　"金钱化"的权力是公职人员经济犯罪的基础

公职人员主要指各级行政机关、事业单位、党群机关、人大、政协机关、审判机关、检察机关的国家工作人员，以及国有企业的领导人员。这种特定的身份使他们拥有大量的公共权力，并且掌握着特定的公共资源。韦伯将权力定义为"在社会关系中，某个行为者能够处于某种尽管有反抗也要贯彻他自己意志的地位上的可能性"。这就说明权力的根本特征就是一种力量或控制权，它具有强制性、排他性和不可被替代性。为了获得这种"垄断权"，某些个人或利益集团必然会愿意花费代价去换取这种权力。不法公职人员正是利用国家赋予的权力，直接或间接地充当经济犯罪的手段和工具。这一切可以"金钱化"的权力，正是不法公职人员进行经济犯罪的基础。从调查数据看，69%的经济犯罪公职人员处于要职，或受任于国家权力机关、行政机关、审判机关等；76.25%的不法公职人员为有一定级别的干部，此外还有31%是基层组织人员，23.75%

是普通职员。无论公职级别高低，所处职位高低，只要手中掌握有可能寻租的权力，都可以成为其谋利的工具。不法公职人员正是利用国家赋予的权力，直接或间接地充当经济犯罪的手段和工具。

4.1.2　灵活处置权为公职人员寻租提供了机会

灵活处置权不可避免地产生了执法弹性空间，为公职人员寻租提供了实施经济犯罪行为的温床。滋生公职人员经济犯罪的土壤——过多的任意处置权，即可以执行也可以不执行，有关系时可以执行，没关系时可以不执行；可以监督也可以不监督，有关系时可以适当监督，没关系时就严格监督。行政的随意性控制为公职人员的寻租提供了便于实施经济犯罪行为的温床，而权力的客观存在，就为其使用者——公职人员利用公共资源寻求个人利益开辟了一条新的途径。掌握权力的不法公职人员通过使用"金钱化"的权力来满足强烈的以权谋私的欲望，最终寻得租金。他们可以通过给予办事人行以方便从中获得好处，例如，给行贿人透露些内部消息，或者放宽审核条件等；也可以通过自由地调控惩罚他人的程度而收益，如，减轻行贿人本应该受到的处罚，最终致使人情替代制度，利益决定执行。

4.1.3　权力文化为公职人员经济犯罪提供了沃土

权力文化衍生于以亲情、人情为纽带形成的血缘、乡缘、学缘、业缘四重关系构成的中国特有的人情文化，"它是人们对权力关系心理上和精神上的反映，是权力关系的观念形态"，也可以认为是文化在权力运用中的具体体现。人活在大的社会环境下，不可能独立存在，而他所处的关系圈自然就成为影响其正确运用权力的人情文化。身边有无人员同时参与犯罪的数据显示，44%的案件中都有人员共同参与，而朋友、同事就占了参与人员的92.61%。经济犯罪直接动机中"被动受贿""亲戚情"体现权力文化的影响，而"居官自傲"则是权力文化中的官僚文化对公职人员犯罪心理影响下形成的。在官僚体制下，官僚们只是对上级负责，不受社会与民众的监督与制约，能够绝对支配民众的命运，认为是权力无人监督，权利失衡的产物，几千年封建思想影响下的权力文化仍旧深深地影响着现今的社会。

4.1.4 监督不力为公职人员经济犯罪提供了情景

美国著名经济学家罗伯特·克利特加德提出这样一个公式：腐败条件＝垄断权＋自由裁量权－责任制。他解释说："当官员享有垄断权和自由裁量权而又无须对权力的行使承担必要的责任时，他就具备了从事腐败活动的条件。"公共权力的监督缺乏力度，缺乏公开性、透明度，因此造成公职人员无须对权力的行使后造成的后果承担相应的责任，权力运行和资源的使用就很有可能脱离原有轨道，走向腐败。公职人员经济犯罪原因虽多，但有一个共同点，就是行使权力缺乏监督。

4.1.5 生成于人性私心膨胀

社会环境是公职人员经济犯罪存在的客观环境，在相同的环境下，并非所有的公职人员都实施经济犯罪，实施经济犯罪的公职人员毕竟是少数。所以经济犯罪行为的出现除了环境因素影响，还有公职人员自身的原因。在通常情况下，趋利避害、追求自身利益最大化既是人的自然本能，也是人的社会本性。如恩格斯所说："人来源于动物界这一事实已经决定人永远不能完全摆脱兽性，所以问题永远只能在于摆脱得多些或少些，在于兽性或人性的程度上的差异。"私心利己私心重是经不起利益诱惑的内在原因，利益的驱动是公职人员实施经济犯罪行为的原动力。"人为财死，鸟为食亡。"在人类这种自然本能和巨大利益驱动力下，一些意志力缺乏、立场不坚定的公职人员会利用可乘之机攫取财富。

4.2 个案研究

1. 王某犯罪心理过程

王某，原海南省海口市商务局局长，大学毕业后，努力工作，31 岁时被提拔为副处级干部，34 岁升为正处级干部，2004 年被提升为海口市国资委领导。在诱惑面前，思想上开始蜕变，结交了韦某之后，贪欲逐渐膨胀起来。2006 年收受某房地产开发商 2 万元，2007 年收受地产商 15 万元，2008 年 5 月收受地产商 100 万元。

本书认为，从王某忏悔中，可以把其犯罪心理形成过程划分为如下四个阶段：

第一阶段：努力工作，无任何贪污腐败的念想，同时仕途顺利，升至工作单位的"一把手"，并由此开始接触找其办事的老板们，顺利结识了韦某。

第二阶段：处在"一把手"的位置使其思想开始堕落，并产生强烈的"权力优越感"。在朋友的影响下，使他利令智昏，贪欲逐渐膨胀，开始出现为自己谋利、寻租的心理。

第三阶段：膨胀的贪欲演变成了经济犯罪行为，贪利心理战胜理智，受贿行为开始。为了掩盖自己的经济犯罪行为，减小发现率，降低风险度，便委托朋友韦某代为收受贿赂，并要求其保存。

第四阶段：随着贪欲越来越大，收受贿赂所带来的满意度要求也随之提高，结果越贪越多，越多越贪。贪欲越大，数目越来越大，越陷越深，不可自拔。

2. 陈某犯罪心理过程

陈某，原四川省彭州市委书记、成都市司法局局长（副厅级），是恢复高考后的第一批大学生。参加工作后，踏实勤勉，1996年2月，被任命为四川省都江堰市委副书记，1998年兼任副市长；2000年11月调任彭州市委书记；2005年3月又任成都市司法局局长。从开始拜年送礼一律不收，到后来思想出现变化，开始替人办事，为己捞钱。第一次受贿，收受了某包工头送来的几十万元现金。有了第一次，就有第二次、第三次……到后来，事成后主动跟他们分钱。2000年11月至2005年3月，在担任彭州市委书记期间，利用职务之便，在相关工程审批环节上多次接受他人送的贿赂共计人民币381万元。

从陈某忏悔中，可以把其犯罪心理形成过程划分为如下四个阶段。

第一阶段：农村家庭出身，毕业工作后，吃苦耐劳，工作努力，因此得到领导认可，仕途顺利，逐步升至单位内的"一把手"，与此同时，来找其办事的、想利用手中权力为自己谋利的人也越来越多。

第二阶段：随着送礼人数的增多，来谋求办事儿的人也越来越多，从思想上开始蜕变，出现了明显的变化：得意、自满、骄傲等负面情绪，开始追逐"有品质"的高消费生活，同时也出现贪利心理。

第三阶段：利用职务便利，为他人谋求利益，从中得到好处，开始出现第一次大笔金额的受贿，接受了某包工头送来的现金。"只有我俩知道"让其认为事情几乎没有被发现的概率，风险度非常小。

第四阶段：从第一次，然后第二次、随之第三次……直到后来由被动受贿到主动索贿，要求分成，贪欲越来越重，不可自拔。

3. 马某犯罪心理过程

马某，原安徽省临泉县水务局局长、党组书记。2001 年 9 月，开始负责水务局工作，上任之初，勤政廉政。2005 年初，为了筹集女儿约 10 万元的就业安置费，让月工资不足 1 500 元的夫妻俩捉襟见肘，于是接受了施工队负责人送来的 3 万元。时间一长，就开始觉得几个工程回扣不算什么，胆子也越来越大，先后收受供货人送的 30 万元"感谢费"。直至被捕前，利用职务便利，先后 20 次收受他人财物共计 315.14 万元。

从马某忏悔中，可以把其犯罪心理形成过程划分为如下四个阶段。

第一阶段：自己工作努力、踏实负责，升迁至某局局长。随着手中权力的增加，亲戚、朋友、同学等也开始经常围着自己转。

第二阶段：家庭情况的变化，女儿需要大笔安置费，这让本不富裕的家庭很是为难，使自己对金钱的需求度变得非常强烈。

第三阶段：为了筹集女儿的安置费，衡量一下自己的工资，评估后，决定接受工程负责人贿赂的 3 万元。第一次经济犯罪行为出现。

第四阶段：随着欲望之门的打开，再也抵抗不住金钱的诱惑，一次次收受贿赂，时间一久反而开始觉得收几个工程回扣没什么，心理变得麻木，心理防线彻底崩溃了，胆子也越来越大。

由以上案例，可以清楚地看出，公职人员经济犯罪心理是一个渐进的、自觉的演化过程。在最初，不法公职人员都是很努力的工作，积极上进，且无任何经济犯罪行为发生。由于高升，升至"一把手"，掌握了特定的公共资源，或者在关键部门拥有关键的审核权、处罚权、审批权等不可被替代的公共权力，由于这些权力的存在，让这些公职人员周围所接触的人员被一切趋利人员所代替，如开发商、工程负责人等。与这些人员的接触，会让公职人员逐渐萌生一些不良的情绪，如贪欲增加、崇尚高品质生活等。这些不良的情绪在趋利心理的作祟下，使得他们开始萌发运用权力为自己寻租的意识，一旦遇到合适的犯罪机遇，经济犯罪行为便立即被触发。刚得到犯罪收益时，他们还会忐忑不安，但由于犯罪行为没有被及时发现制止，这些犯罪获利的快感进一步地加强了之前的不良情绪体验，使得他们的犯罪意志更加强烈，欲望也越发变大，出现自我麻痹、自我开脱的心态，进而实施再次犯罪，最终一步步陷入欲望的沼泽不能自拔，直至步入囹圄。

4.3　公职人员经济犯罪的心理形成过程

就绝大多数公职人员犯罪人来说，犯罪心理的形成，是一个渐进的过程，从外界干扰到犯罪行为，公职人员正是接受了外界给予的刺激，并产生主观上的不良情绪，伴随不良需求衍生出经济犯罪行为动机，当适当的机遇和情景出现时，触发经济犯罪行为来实现经济犯罪的动机，满足不良需求。在之后的周期中，经济犯罪获利快感会不断地深化对外界刺激的认知和强化经济犯罪动机，并再次实施经济犯罪。因此，以原始刺激为起点，可以构建出公职人员经济犯罪心理形成的一般过程。

4.3.1　"原始刺激"引发"初反应"

萨瑟兰在其《犯罪学原理》一书中，提出了差别接触理论，其理论对犯罪行为的解释是基于学习的法则。这个理论同样适用于公职人员犯罪。公职人员必须去"学习"如何去犯罪。公职人员不可能脱离社会环境而犯罪，也不可能天生就会职务犯罪，而如何去犯罪是在后天的"学习"中习得的。

试举一例：当一个年轻人刚成为公职人员时，组织会对其进行思想教育，告诫要做人民公仆，不可做损害人民群众利益的事情。同时举出反例，告诉他如果犯罪，将会像案例中的公职人员一样受到惩罚。但当他在实际工作中，这个年轻公职人员很可能恰好看到同事、上司或朋友进行受贿或行贿等犯罪，而且正是因为这个犯罪获利使得其生活质量提高，舒适且愉快，当问及其行为时，可能会被告知这属正常的"人情关系""礼尚往来"，"法律管不了这么多"。由此，这个年轻的公职人员从组织教育中习到了犯罪不利的观点，也从案例中习到了如何去犯罪、犯罪的过程、罪犯落网的原因等；而他又从同事、上司或朋友那儿获得了相反的说法，同时也习得了如何去犯罪，并找到了犯罪的借口。最终这名公职人员是否进行犯罪，则是取决于其"学习"是否获得平衡。假如，这名公职人员经常与认为职务犯罪是可行者接触，他可能因此认为犯罪是有利的，而不问合法与否；相反，假如组织一再强调职务犯罪的不合法性并且强调惩罚措施，再加上其自身远离那些认为职务犯罪是有利的成员，则这名公职人员进行职务犯罪是不太可能发生的。

组织的教育对这名公职人员犯罪心理产生起到了正向作用，即向着好的方向发展；而公职人员周围认为职务犯罪是可行者对其犯罪心理的产生起到了负面性的作用，即向着不好的方向发展。因此，本书提出：能对公职人员的经济犯罪心理形成起到促进作用，即为"正强化刺激"；而能对公职人员的经济犯罪心理形成起到抑制作用，即为"负强化刺激"。无论"正强化"或"负强化"作用，让公职人员学习到关于经济犯罪的信息就是所谓的公职人员经济犯罪心理的"原始刺激"。多种"原始刺激"之间的相互作用，构成向着公职人员经济犯罪心理产生方向的合力，促使公职人员形成经济犯罪心理。这些"原始刺激"存在于社会环境中，而社会大环境又分为宏观环境和微观环境。

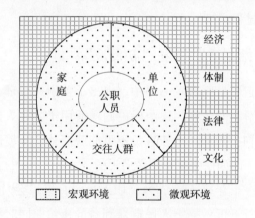

图 4 - 1　"原始刺激"环境

1. 公职人员宏观环境内的"原始刺激"

宏观环境是指公职人员所处的整个社会大环境。影响公职人员经济犯罪心理形成的"原始刺激"主要有：（1）市场经济活动。市场经济强化了人们的物质利益观念和自我意识，利己主义思想开始侵蚀公职人员所在的整个大环境。经济活动使财富分配出现差别，致使社会成员之间的收入越来越大，尤其是公职人员接触的是"阔绰的老板们"，财富的反差形成了最为直接的宏观环境下的"原始刺激"。（2）制度上的缺陷。权力的配置不够合理，巨大的权力往往只掌握在一个人手里，再加上缺乏有效的监管制度，致使多数的不法公职人员产生权力优越感。当需求产生后，权力难免被作为寻租的工具和手段。（3）惩罚力度不够。我国对公职人员经济犯罪行为的界定和量刑都存在很多问题，处罚金等几乎很少，同时，公职人员的预期收入如医疗、养老、住房等没有和廉政建设联系起来，这使得公职人员经济犯罪的成本很小。（4）文化。"人情""关系""礼尚往来""权力文化"等，这些中国传统文化给公职人员经济犯罪提供了非常好的机遇和理由。

2. 公职人员微观环境内的"原始刺激"

微观环境是指与公务员生活、学习、工作等密切相关的环境。（1）家庭环境。家庭作为一个利益共同体，利益上的牵连互动更为明显。如果家人不断提出私欲或家庭道德堤坝一旦溃堤，极易使公职人员走上趋利的经济犯罪道路。（2）单位环境。单位是公职人员实施经济犯罪的最主要的"窝点"。单位内的人员和政治环境、监管环境等极易形成影响最深的"原始刺激"。（3）人际交往环境。即朋友、同学和接触人群等。"近朱者赤，近墨者黑"，公职人员在人际交往中容易被类化，行为、思想等逐渐趋于一致，也容易产生模仿、攀比等思想。大多数进行经济犯罪的公职人员身边都有这么一群趋利人群。正是由于这类人群的存在，致使公职人员的思想一步步堕落，进而一步步坠入欲望的泥潭。

4.3.2　经济犯罪动机产生的"伴随反应"

公职人员从"原始刺激"中提取到的对经济犯罪心理形成的起正强化作用的信息后，随之内化为主观消极情绪，同时对金钱的欲望增加，产生如"你有我也要有"的攀比情绪，"有权不用，过期作废"等消极情绪。这些情绪虽处于初始阶段，没有明确指向，但这种趋利心理在抑制力缺乏的情况下就会诱发经济犯罪动机的产生，它的产生标志着公职人员经济犯罪心理的初步形成。

公职人员经济犯罪心理从"原始刺激"到内化为自己的意识情绪到产生经济犯罪动机，这一过程就是公职人员犯罪心理形成的内化机制。图 4 - 2 即为不法公职人员经济犯罪心理形成的内化机制，主要通过三种机制内化"原始刺激"。

1. 认知的选择与加工机制。为什么在相同或相似的不良刺激或者诱因的影响下，大多数公职人员并不犯罪，只有少数人做出经济犯罪的反应？（1）强烈的欲求与满足方式的选择：人的需求是多方面的，又因个体而异，每个人复杂

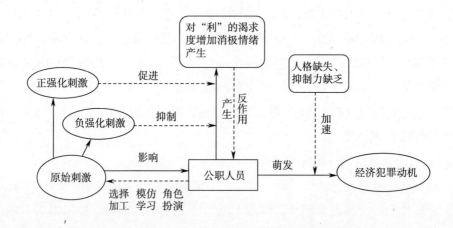

图4-2 不法公职人员经济犯罪心理形成的内化机制

又多样的需求有强弱程度的不同。有些公职人员对权力欲有着非常态的追求，而有些则是对金钱、对亲人或对他人认可度的追逐。强烈的欲求常常唤起后，不法公职人员选择了侵犯他人和社会利益去满足自身欲望的道路时，才会形成公职人员犯罪心理的初始环节。（2）人格缺陷与抑制力的缺乏：当公职人员经济犯罪行为人决定用非法手段去满足强烈欲望时，必定和他的人格缺陷和抑制力的缺乏有关。而人格缺陷的表现形式是多种多样的：认知水平低、需求欲望强烈、以自我利益为核心、蔑视法律、正确意识薄弱、价值观偏差、缺少道德感等。他们是正常社会生活秩序中的不安定因素，是经济犯罪的"预备军"。人格健全的公职人员因按照"克己""利他"的标准为导向来塑造人的心理品质，建立自我调控机制。当个体公职人员存在人格缺陷时，就意味着自我调控机制的缺乏，在私欲膨胀时，无法抑制自己的欲求，从而萌发了损害他人利益的违法经济犯罪意向。

2. 模仿学习机制。模仿学习是主体自觉或者不自觉的效仿榜样的言行、举止而引起自身与之相同或者相似行为的行为活动过程。在不良环境中，往往有一个或者几个坏榜样给予其他有人格缺陷的公职人员自觉模仿、加速堕落的不良影响。不法公职人员常常由开始的"被动"观察、学习变为"主动"学习，甚至与"榜样"形成共同犯罪，来相互掩饰、互利互惠。如，原内蒙古自治区赤峰市松山区委书记王某受贿罪、行贿罪案："年轻有为"的书记王某仿效着其顶头上司徐某，走了一条几乎相同的堕落轨迹。"我觉得领导不出事儿我就出不了事儿"。"榜样的魅力"与自身的利益追逐，使王某变"被动"为"主动"，坠入犯罪的深渊。

3. 角色扮演机制。公职人员经济犯罪角色扮演机制往往来源于其所在"原始刺激"的微观环境。以满足丈夫、父亲、兄弟、儿子等角色的欲求冲动为动力，当自我抑制力缺乏时，实施经济犯罪获利的体验符合了其扮演角色的价值期待。自我肯定、角色肯定和群体肯定，强化了公职人员的经济犯罪需求，成为再一次犯罪的动力，进入"欲罢不能"的状态，以至于贪念越来越重，涉案金额越来越多。"千里之堤，溃于蚁穴"。人的抑制力堤坝一旦溃堤，就再也堵不上了。例如，原湖南省会同县委常委梁某忏悔录中这样写道："到家乡任职后，衣锦还乡的虚荣心悄然而生，面对昔日的同事、同学、同乡，我讲面子，讲义气，'有事找梁某，讲义气准成'。"只讲义气不讲原则的"好兄弟"角色让其越陷越深，最终走向囹圄。

4.3.3　经济犯罪行为产生的"结果反应"

从一定程度上而言，"原始刺激"是公职人员犯罪心理过程的起点，对"正强化原始刺激"的认知是犯罪心理的构建过程，负面主观情绪是经济犯罪心理的体验补充，动机是经济犯罪心理的决策中心，犯罪行为则是公职人员经济犯罪心理的客观反应。公职人员从经济犯罪动机产生到实施经济犯罪行为之间往往包含了两个环节：

1. 行为机遇的捕捉

公职人员犯罪动机产生后，需要捕捉适当的经济犯罪机遇。这一机遇往往是外部的刺激和情景。它具有两大特征：一是适宜犯罪的条件。如，无第三者的参与，"一把手"管理制度监管不严等。二是欲求物的引诱。如，金钱诱惑，"好兄弟"、"好父亲"角色扮演欲等。原天津市河东区政协秘书长孙某，正是在接受个体老板的教唆"我又不要收据，这笔钱别人不知道，你想怎么用就怎么用"，金钱的诱惑加上机遇的出现，使得孙某截留了个体老板送来的赞助款。公职人员犯罪行为机遇的出现往往成为行为人实施犯罪的催化剂和导火索。

2. 成本收益分析

公职人员经济犯罪的成本和收益与其犯罪发生率之间存在着密切关系。从调查的案例看，公职人员往往在实施经济犯罪前都会或多或少地考虑自己的犯罪成本和收益。图 4 - 3 为腐败成本与收益的曲线图，45°线表示公职人员犯罪收益与成本相抵的零界线。公职人员犯罪的心理成本曲线之所以有所起伏，是因为实施经济犯罪的公职人员都属于风险偏好型；而且往往第一次犯罪心理压力较大，而随着犯罪次数的增多，该成本呈下降趋势，且随着公职人员职务的升高也会有所下降。理论上公职人员经济犯罪曲线不会和零界线有任何交点，其犯罪成本总是大于犯罪收益，如图 4-3 中的曲线 P_1。但是由于经济犯罪被查出的概率和个人获利满足度不同，致使不法公职人员经济犯罪的成本与收益曲线与零界线有交点，出现成本小于收益情况，如图 4-3 中的曲线 P_2。

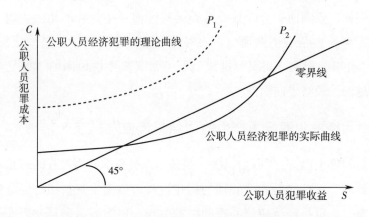

图 4-3　公职人员犯罪心理的成本与收益曲线

以 C 和 S 分别表示公职人员经济犯罪成本和收益。公职人员经济犯罪的成本 C 主要包括机会成本、惩罚成本和道德成本；经济犯罪收益 S 主要包括物质收益和精神收益。P（$0<P<1$）和 N 分别表示公职人员经济犯罪被发现的概率和满足度。当 $C \times P < S \times N$ 时，收益大于成本，公职人员就会实施经济犯罪；当 $C \times P \geqslant S \times N$ 时，成本大于收益，公职人员就不会去实施经济犯罪。如陈某案中，包工头所说的"只有我俩知道"，使他认为被发现的概率 $P \approx 0$，在他内心里成本就几乎为零，因此他收下了包工头送来的金钱。再如马某案中，女儿的大笔安置费，加上微薄的工资使得他评估成本收益时，$N>1$ 且成倍增加，使得收益度 $S \times N$ 也成倍增加，最终大于内心的成本评估，收下了开发商送来的感谢金。

4.3.4　再次经济犯罪的"恶性循环反应"

孟德斯鸠说过："一切有权力的人都容易滥用权力，这是万古不易的一条经验。有权力的人们使用权力一直遇到有界限的地方才休止。"从调查的案例来看，公职人员经济犯罪都是从最初内心深处的贪婪到首次犯罪的志忑，然后通过一次次犯罪，心理恐慌消失、内心麻木，同时犯罪获利快感使得其犯罪体验加强，欲求增加，麻木心理又成为犯罪行为无法停止的心理基础，如此的一个过程便是公职人员从清廉到经济犯罪的蜕变。如图 4 - 4 所示，公职人员经济犯罪得逞后，会出现自责志忑，这种心理大于获利的快感体验时，就是使其中止犯罪，同时会深化"负强化刺激"的作用，弱化经济犯罪动机直至消失。由于案例选择的局限性，不能从案例中证明这种情况，但现实中应该会存在这种情况。当获利快感体验压制内心的自责心理时，就会深化公职人员对"正强化刺激"的认知，同时强化犯罪动机，致使经济犯罪欲求增加，甚至由被动受贿到主动索贿的现象。在陈某案中，从思想防线的溃败，到第一次收受贿赂的获利快感强化了自身的经济犯罪动机，多次犯罪后，内心的愧疚感全无，贪欲不断地增加，直到主动进行索贿分赃，从几万元到几百万元，直至被捕。

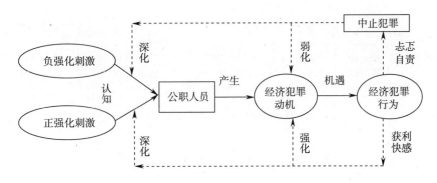

图 4 - 4　公职人员犯罪心理的再循环

4.4　公职人员实施经济犯罪时的心理状态分析

心理状态，也称为意识状态，是指人在当前一段时间内的心理为某种状态所笼罩的综合表现。心理状态是心理现象中的一个独立范畴，介于心理过程与个性心理之间，是在一定时间内两者交融汇合的统一状态。与心理过程和个性心理特征互相联系、互相影响，共同构成完整的心理结构。它主要由个体需求能否得到满足或得到的满足感程度所产生的情绪体验决定，同时受到个人气质、社会认知、自我意识、外界刺激等多种因素影响。"犯罪的心理状态呈弥散状态，对犯罪动力结构、调节结构和全部个性心理活动均产生一定的影响。"犯罪心理支配犯罪行为，经济犯罪心理支配公职人员实施经济犯罪行为。公职人员犯罪心理形成后，即犯罪意向萌发后，在实施经济犯罪行为时的不同阶段的心理状态也各不相同。虽不尽相同，但仍有共性可循。深入了解公职人员经济犯罪个体心理发展以及变化轨迹，准确把握公职人员在实施经济犯罪的过程中的心理状态，对于有效侦查、探寻公职人员经济犯罪的特点、规律，搞好公职人员经济犯罪预防工作都具有十分重要的意义。

公职人员经济犯罪实施包括犯罪准备阶段、实施犯罪阶段和犯罪终结阶段，每个阶段各有不同的心理状态。实施经济犯罪的公职人员因年龄、经历、个性、学历等诸多方面的因素影响，犯罪分子在整个活动过程中所表现的心态也是会有差异的，但仍有一定共性规律。

4.4.1 公职人员实施经济犯罪准备阶段的心理状态特征

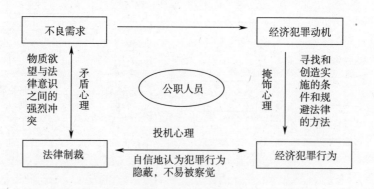

图4-5 公职人员实施经济犯罪准备阶段的心理状态特征

公职人员经济犯罪准备阶段是指经济犯罪行为开始前的阶段，即公职人员从经济犯罪意向萌发到实施经济犯罪行为之间的这一阶段。从经济犯罪意向的萌发到经济犯罪动机的产生再到犯罪决意产生，这一阶段犯罪人的心理活动相当复杂激烈。意向是一种未被意识到的或仍处于朦胧状态下的行为动机，是未分化的、没有被明确意识到的需要。动机是推动和引发个体行为的内在起因。决意是公职人员最终决定实施经济犯罪行为。公职人员想实施经济犯罪，但又怕受到法律的制裁，不实施，又不能平衡其对现状不满的心理，也不能满足其对金钱物质的欲望。在强烈的需求下以及适当情景机遇的刺激下，最终"想实施经济犯罪"居于优势地位。由于经济犯罪的智能性很强，公职人员为实现自己的犯罪目的，满足不良需求，必会处心积虑地寻找和创造实施犯罪的条件，谋划既能实现经济犯罪目的又能规避法律制裁的方法。这一阶段犯罪心理表现主要为矛盾、投机与掩饰。

1. 矛盾心理

公职人员经济犯罪行为对社会具有严重的危害性。大多数不法公职人员在准备实施经济犯罪前，心理都十分复杂。一方面，主观上存在着对金钱和物质的非常态需求，在外界的原始刺激下，这种非常态需求不断强化并形成原始经济犯罪动机，一旦实施经济犯罪的条件机遇适当，经济犯罪决意随之产生，欲要实施经济犯罪行为；另一方面，公职人员作为人民公仆，有着较高的社会地位，思想意识健全，其清楚地了解，如果实施该行为可能会使其本人处于一种危机边缘，经济犯罪行为随时会被发现而受到法律的制裁。在相当一部分的不法公职人员中都存在这种患得患失的矛盾心理，特别是初犯的心理。

2. 投机心理

公职人员经济犯罪是一种职务犯罪，不法公职人员所处的职务与其掌握的特定公共资源，为其重复或连续实施使用公共权力寻租、谋求私利创造了较大的便利条件。相比较其他犯罪人，不法公职人员普遍具有更强的甄别能力、较高学历以及规避法律的能力。大多数不法公职人员在实施经济犯罪的准备阶段都具有投机心理，即充分利用自己手中的公共权力和自身所掌握的知识，自信地认为自己所实施的经济犯罪行为具有很强的隐蔽性，自以为能够规避法律，隐藏犯罪事实。在公职人员挪用公款炒股、赌博的案例中，这种投机心理更为明显。

3. 掩饰心理

不法公职人员在明确的犯罪目的促使下犯罪决意产生，往往会对其将要实施的经济犯罪行为进行周密的准备，精心选择经济犯罪方法、地点，同时评估经济犯罪行为被发现的概率，争取以最小的代价获取最大的利益。在这之中，最为常见的心理状态就是用各种方法来伪装自己，减小犯罪行为事发概率的掩饰心理。很多不法公职人员善于"伪装"自己，有的公职人员甚至表现成"廉洁模范"。原重庆市委常委、宣传部长张宗海就是全国非常有名的"草鞋书记"，他在任职期间经常穿着草鞋下基层，与山民打成一片，人民群众对他这一身

"艰苦朴素"的农民装束，倍感亲切，拥护之声也随之高涨，很快他便升迁为副省级干部。然而，让谁也没有想到的是，这个闻名全国的"草鞋书记"，却被查出受贿300余万元，并多次携巨资出境豪赌。

4.4.2　公职人员实施经济犯罪阶段的心理状态特征

在经济犯罪行为的实施阶段，不法公职人员主动地实施犯罪行为，寻求犯罪目的的实现。不法公职人员在这一阶段的心理状态与准备阶段有所不同，归纳起来，主要有以下几种：

1. 侥幸心理

侥幸心理是认为自己的犯罪行为不会被发现的一种心理状态。这种心理是一切犯罪分子的同性心理，具有自我安慰和自我欺骗性。尤其是公职人员经济犯罪的侥幸心理表现得更为突出。公职人员经济犯罪的侥幸心理产生和外界"原始刺激"有很大关系：一是不法公职人员周围存在过实施职务犯罪的朋友或同事但其犯罪行为未被发现；二是不法公职人员在过去的经历中存在过违法的行为但却未被发现；三是不法公职人员认为自己具有能够掩饰经济犯罪行为的身份条件；四是不法公职人员以专业知识为依靠；五是不法公职人员片面地看社会现象，认为"法不责众"。

2. 兴奋心理

兴奋心理也是不法公职人员在实施经济犯罪行为时的一种特殊心理状态。此种心理状态的出现，主要由以下因素刺激形成：（1）实施经济犯罪行为会为不法公职人员带来远超于自身收入的利益。在实施经济犯罪行为时，虽紧张害怕，但想到自己预期能得到的可观收益能为其带来的满足感，会使其抑制不住的兴奋。（2）不法公职人员手中的特殊权力让其感觉自己"高人一等"，当权力置换成物质时，强烈的虚荣感、满足感，会让不法公职人员兴奋不已。

3. 紧张心理

这是不法公职人员在实施经济犯罪时一种难以自抑的心理状态。即使他们在实施经济犯罪前做了足够多的心理准备，但真正实施经济犯罪时，仍然会抑制不住地紧张。越意识到犯罪后果的严重性，心理会越紧张。初犯比惯犯在实施经济犯罪行为时表现得更为紧张。

4.4.3　公职人员经济犯罪行为终结阶段的心理状态特征

公职人员经济犯罪终结阶段是指全部经济犯罪行为实行终了，但经济犯罪行为尚未被揭露出的这一阶段。在这个阶段中，不法公职人员的心理状态更趋复杂，既有担心经济犯罪行为被揭露的恐惧心理，也有犯罪目的实现的成功满足心理。

1. 恐惧心理

不法公职人员实施经济犯罪行为后的恐惧心理往往要比实施前或实施过程中更为强烈。经济犯罪涉及的金额越高，将会面对的惩罚越大，心理恐惧感就越严重。如哈尔滨市工商银行储蓄员白某某，他在坦白自己的犯罪行为时说："贪污 30 万元以后，真是惶惶不可终日，每次储蓄所盘点，我都以为在查我，最后不得不选择出逃的方法逃避恐惧。逃跑时还带上了刀片等工具，准备如果被抓就自杀。"不法公职人员在尝到甜头的同时，又摆脱不了自己难以抑制的紧张与对法律制裁的恐惧，还害怕经济犯罪行为暴露后身败名裂，失去多年来自己辛苦为之奋斗的名誉及地位。

2. 逃避心理

不法公职人员在经济犯罪的准备阶段和实施阶段主要考虑实现自己的犯罪目的、获取利益。在经济犯罪的终结阶段主要表现为逃避法律、隐藏犯罪事实、规避法律制裁。主要表现为：（1）回忆犯罪经过找到疏忽与遗漏，然后尽可能弥补隐藏；（2）掩盖自己的犯罪行为，转移自己的非法所得；（3）全力为自己建立关系网络，做好应急措施，以备万一。拉拢关系，建立强大的人际网络，为将来案发后规避法律制裁提前做好准备。

3. 满足心理

在公职人员经济犯罪行为终结阶段，非法收益、欲求的满足使实施经济犯罪成功的不法公职人员产生愉快的情绪体验。这种满足心理会再次地巩固经济犯罪的目的，强化公职人员经济犯罪心理，使公职人员经济犯罪的心理结构更趋巩固和发展。

4. 贪得无厌心理恶性循环

由于经济犯罪行为的成功实施，经济犯罪心理在成功的信息中稳固下来，形成一个恶性心理积淀，并成为下一次经济犯罪行为另一个重要的"原始刺激"。这些恶性的情绪体验，一旦遇到刺激或适当的机遇，便会激起新的犯罪动机，实施新的经济犯罪行为。"需求的无限性和不满足性，即满足一种需要的过程会使另一种需要转入潜在状态，需要一旦满足，又会产生新的需要，这个序列是循环往复，无止境的。"这样，不法公职人员经过多次经济犯罪后，对物质财富的贪念越来越强，胆子随之也越来越大，为了"嘴上流油"，甘冒"脑上流血"的风险。从调查的样本数据可以看出，不法公职人员被曝光的实施经济犯罪的平均次数是 4.01 次。贪婪性是公职人员经济犯罪心理恶性循环的必然结果。

4.5 公职人员敛财与资产处置两个阶段的风险偏好分析

案例分析

【案例一】 袁某经济犯罪的心理过程

山东省蒙阴县原副县长袁某，利用权力，贪污公款约 558 万元，有"沂蒙第一贪"之称。袁某考虑如果从岗位上退下来，要为自己留条后路。袁某在贪污第一笔公款 40 万元后，有过短暂的担心，过后将赃款用于家中商铺的装潢。随着赃款数额增加，袁某穷尽了所有的智慧，先是以妻子、孩子和亲戚的名义分 100 多次分别存入济南、日照等地的 37 家银行。

表 4 - 1   袁某的敛财过程、非法资产处置过程及其心理分析

敛财阶段心理过程	第一阶段	考虑提拔无望，如从岗位上退下，公款消费不方便，于是心理失衡
	第二阶段	第一次有 40 万元"入账"，袁某觉得烫手，心虚，担心不法行为被发现
	第三阶段	短暂担心过后，再次把手伸向了公款。接连的得手，敛财更加疯狂，更加贪婪，贪污的数额也越来越大，次数也越来越频繁
处置阶段心理过程	第一阶段	起初，并没有用隐蔽的手段处置资产，只是将非法所得用于家庭开支
	第二阶段	随着赃款的增加，开始担心有朝一日东窗事发，人财两空，终日惶恐不安
	第三阶段	多次将非法资产以亲人的名义存入银行，甚至购豪宅"安置"赃款
处置方式		选择匿藏和存入银行的方式处置非法资产

【案例二】 许某经济犯罪的心理过程

吉林省延吉市林业局原局长许某，贪污 145 万元，向国家工作人员行贿 18 万元。许某小时候家里很穷，从小就有了"金钱至上"的偏激想法。许某当官

以后，想尽办法捞钱。最初，许某还存着侥幸、谨慎的心理，但随着职位的上升，捞钱的机会增多了，只要动一动脑筋，钱就来了，于是许某贪欲增大，越陷越深。许某自认为行事小心谨慎，将所有财产全部划到前妻名下存入多家银行，许某还将贪污的赃款转移到外地，或以别人的名义投资。后来，许某为确保自己能在领导班子换届中顺利升迁，主动通过关系结识当时的市委副书记并向其行贿10万元，希望得到关照。

表4-2　　　　　许某的敛财过程、非法资产处置过程及其心理分析

敛财阶段心理过程	第一阶段	许某小时候家里贫困，树立了"金钱至上"的观念，许某当官以后，想尽办法捞钱
	第二阶段	许某一方面觉得那些惨痛的教训和反面典型离自己很远，不会发生在自己身上；另一方面，许某也担心有一天会被调查，所以仔细研究了法律法规，想尽各种办法来掩盖自己的犯罪行为
	第三阶段	随着职务的升迁，许某是单位的"一把手"，捞钱的机会太多了，也太容易了，于是开始肆无忌惮地疯狂敛财
处置阶段心理过程	第一阶段	起初，许某担心自己的犯罪行为被发现，将非法资产以他人名义投资或存入银行
	第二阶段	到后来，许某不仅希望逃避法律监管，还想官场高升
	第三阶段	将非法资产向上级行贿，获得领导"信任"，得到升迁的机会
处置方式		选择投资、存入银行，还动用部分非法资产向上级行贿

【案例三】　穆某经济犯罪的心理过程

山西省繁峙县检察院原副检察长、反贪局局长穆某，被查出有过亿元财产，被称为"史上最贪反贪局长"。穆某一开始还只是接受各矿主的"进贡"，到后来竟然以办案为名向矿主敲诈、索贿。穆某将数千万元的赃款匿藏家中，还购置5辆豪华轿车。后来，穆某为了掩盖犯罪事实，并且能够获得更高的官位，将非法所得用于行贿买官，大搞形象工程，欺骗群众。

表4-3　　　　　穆某的敛财过程、非法资产处置过程及其心理分析

敛财阶段心理过程	第一阶段	穆某出身干部家庭，仕途顺利，官位和财富的获得都比常人容易许多，而且穆某江湖义气，热衷于和一些大款结识
	第二阶段	起初，穆某只是接受矿主或下级的行贿，行为相对比较"低调"
	第三阶段	随着作案次数的增加，穆某变得更加疯狂、贪婪，胆子越来越大，开始主动向矿主、官员索贿

续表

处置阶段 心理过程	第一阶段	穆某起初只注重享乐，除了将部分赃款消费外，都匿藏于家中
	第二阶段	后来穆某想获得一定的名誉和社会地位，得到他人的尊重
	第三阶段	将非法资产用于行贿买官，大搞形象工程，掩盖犯罪事实，欺骗群众
处置方式		将非法资产用于匿藏、消费、行贿

案例分析总结

通过上述案例分析，可以看出低级别不法公职人员经济犯罪心理是一个循序渐进的过程。在上游非法敛财阶段，无论是何种原因导致低级别公职人员经济犯罪行为的发生，在最初的阶段，特别是第一次犯罪时，低级别不法公职人员通常都是紧张、踌躇、忐忑不安。由于基层监管的漏洞，犯罪行为没有被相关部门及时发现或及时制止，低级别不法公职人员便开始大胆敛财。当敛财的金额达到一定程度，低级别公职人员开始有了非法资产处置的需求。

在下游非法资产处置阶段，最初由于非法资产较少，低级别公职人员认为不会被执法机关发现，因此不愿意花费精力处置非法资产。但随着赃款的增多，出于安全的考虑，低级别公职人员不得不进行资产处置，主要的方式是匿藏、存入银行、投资等。再到后来除了要掩盖自己的犯罪行为外，低级别公职人员还想在官场更进一步，获得一定的名誉，赢得他人的尊重，于是又将非法资产用于买官、行贿、大搞形象工程等。

本书实地调查了 2008~2010 年两个地级市人民法院判决的 530 名低级别不法公职人员的犯罪情况，并对部分犯罪分子进行了访谈。调研结果获取的信息与典型案例的结论基本一致。低级别公职人员经济犯罪都是从首次犯罪的忐忑，然后通过一次次的犯罪，心理恐慌消失、内心麻木，多次犯罪后，内心的愧疚感全无，贪欲不断地增加。随着赃款的增多以及需求层次的提高，低级别公职人员在敛财的同时开始非法资产处置，就这样不断地恶性发展直至被捕。

4.5.1 低级别公职人员敛财行为分析

1. 敛财阶段犯罪成本分析

低级别公职人员经济犯罪的收益 I，包括物质收益和精神收益。物质收益是指一定时间 t_1 内合法收入和非法收入之和，用 $I_1(t_1)$ 表示；精神收益是指一定时间 t_1 内行为人由于获得荣誉、官位、赞扬等，从而自己得到的心理满足感，

用 $I_2(t_1)$ 表示；那么该低级别不法公职人员在一定时期内的总收益为

$$I = I_1(t_1) + I_2(t_1) \tag{4.1}$$

低级别公职人员经济犯罪的成本由机会成本、惩罚成本和精神成本三部分构成。

所谓犯罪的机会成本，是指低级别不法公职人员因其腐败行为可能被处理而失去的合法收入，如工资、福利补贴等。设一个低级别公职人员腐败的单位时间的机会成本是 $i(t_2)$，贪污、挪用一定数量的公款使他蒙受的损失（一定时间内的工资、奖金等合法收入）是 C_1，蒙受这种损失的时间（如拘押、罢免职务等）为 t_2。低级别公职人员腐败的机会成本：$C_1 = \int_0^T i(t_2) d t_2$。

惩罚成本是指低级别不法公职人员因为受到刑罚惩罚而付出的代价或失去的收益，用 C_2 表示。主要表现在以下三方面：（1）违法被发现的可能性 P_1；（2）违法被制裁的可能性 P_2；（3）违法被制裁的金额为 M。

低级别公职人员经济犯罪的惩罚成本为：$C_2 = P_1 P_2 M$。

犯罪的精神成本指低级别不法公职人员实施犯罪行为的心理负担及精神损失，用 C_3 表示。主要有两方面内容：（1）低级别不法公职人员在罪犯过程中的心理负担。特别是在犯罪前期，低级别公职人员通常都会有紧张、焦虑、担惊受怕的心理。对于初犯和绝大多数低级别公职人员来说，这都是一笔沉重的成本。（2）主要是低级别公职人员在作案前要考虑到如果被查处会给个人以及家庭带来负面影响。例如，个人及家庭的名誉受损、所要承受社会舆论的压力等。由于犯罪的精神成本难以量化，且没有直接的相关因素，故用固定数值 N 来衡量，即 $C_3 = N$。

低级别公职人员腐败的总成本是

$$C = C_1 + C_2 + C_3 \tag{4.2}$$

低级别公职人员上游经济犯罪的效用

$$U = U_1[I_1(t_1) + I_2(t_1)] - U_2(\int_0^T i(t_2) d t_2 + P_1 P_2 M + N) \tag{4.3}$$

2. 敛财阶段风险偏好分析

低级别公职人员上游经济犯罪可划分为三个阶段，分别是初始阶段、猖狂阶段、转折阶段。

（1）初始阶段

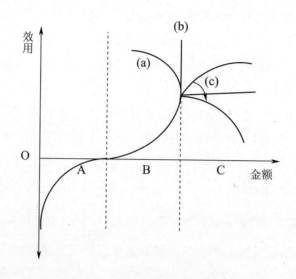

图 4－6　敛财阶段犯罪心理演变

在上游经济犯罪的初期阶段，所谓"近朱者赤，近墨者黑"，低级别公职人员容易受到单位、人际交往等周边不良环境影响，如在人际交往中易被同化，容易产生模仿、攀比等思想。这些负面的"原始刺激"导致低级别公职人员经济犯罪心理开始形成。但由于低级别公职人员工作在基层，大多都没有政治"保护伞"可以依靠，有固定的收入，他们不愿意因为犯罪而丢掉工作，因此低级别公职人员犯罪初期的心理压力很大，犯罪成本较高。在此阶段，低级别不法公职人员仅有为数不多的物质收益，不但没有精神收益，还要付出巨大的成本，犯罪成本大于犯罪收益，即

$$U_1\left[I_1(t_1) + I_2(t_1)\right] < U_2\left(\int_0^T i(t_2)\,d\,t_2 + P_1 P_2 M + N\right)$$

低级别公职人员是风险规避者。如图 4－6 的 A 阶段，虽然效用随着财富的增加而递增，但递增速度越来越慢，即边际效用递减。在该时期，主导心理是矛盾心理、恐惧心理、侥幸心理。

（2）猖狂阶段

进入猖狂阶段，低级别公职人员从"原始刺激"中提取到的对经济犯罪心理形成的起正强化作用的信息后，随之内化为主观消极情绪，同时对金钱的欲望增加。产生如"你有我也要有"的攀比情绪，"有权不用，过期作废"等消极情绪。由于基层管理制度的缺陷以及低级别公职人员经济犯罪的特点（例如单

次的犯罪金额小、作案手段隐蔽等）导致他们的犯罪行为不易被发现。从经济学的角度，在图 4-6 的 B 阶段低级别公职人员犯罪是一种"成本低、风险小、收益高"的生产交易活动，即

$$U_1[I_1(t_1) + I_2(t_1)] > U_2(\int_0^T i(t_2) \, d t_2 + P_1 P_2 M + N)$$

随着时间的推移，低级别公职人员敛财的渠道越来越广泛，掌握的财富也越来越多，效用也逐渐上升。此时低级别公职人员是典型的风险爱好者。在这个时期，低级别公职人员的主导心理不再是担惊受怕，他们认为自己的手法纯熟，过度自信，开始心安理得的大肆敛财，此时敛财已成为惯性。犯罪心理主要体现为居官自傲、贪婪、攀比、冒险等。

（3）转折阶段

在转折阶段，低级不法公职人员通过转折阶段已经累积了大量的非法资产，虽然此时的犯罪收益仍然大于犯罪成本，即

$$U_1[I_1(t_1) + I_2(t_1)] > U_2(\int_0^T i(t_2) \, d t_2 + P_1 P_2 M + N)$$

但物质财富增加所带来的边际效用开始递减，此时低级别公职人员不仅追求物质收益，更重要的是追求精神收益。低级别不法公职人员选择将部分非法资产用于资产处置。在该阶段，可能有三种情况出现。

a. 低级别不法公职人员财富减少，但效用增加。如图 4-6 的曲线 a，低级别不法公职人员将大量的非法资产用于行贿上级，以此获得领导"信任"，得到升迁的机会，赢得社会尊重。虽然此时低级别不法公职人员会损失一定的财富，但由于获得了更高的官位以及社会的尊重，并且在高官位置非法敛财会更加的容易。因此，低级别不法公职人员效用继续增加。此时的犯罪心理体现为虚荣、功利等。

b. 低级别不法公职人员财富不变，但效用增加。如图 4-6 的曲线 b，低级别不法公职人员出于对安全需求的考虑，将非法资产或匿藏或以他人名义存入银行或投资房地产等，通过资产处置，低级别不法公职人员的非法资产安全转移，安全需求得到满足，效用也增加。此时的犯罪心理体现为避责、安全等心理。

c. 低级别不法公职人员财富保持一定增长，效用保持一定增长或不变甚至缓慢下降。如图 4-6 的曲线 c，低级别不法公职人员受制于外围环境的监督，

敛财有所收敛，但贪心不变，还想要继续敛财。与此同时，低级别不法公职人员还想掩饰自己的犯罪行为。因此，在该阶段要看何种心理占据主导，如果低级别不法公职人员仍以贪婪、冒险，追求物质财富为主，效用会继续上升；如果低级别不法公职人员谨慎、避责，更重视精神收益，效用可能不变甚至下降。

4.5.2 低级别公职人员非法资产处置行为分析

1. 资产处置阶段需求层次分析

马斯洛需求理论把需求由较低层次到较高层次依次分成生理需求、安全需求、社交需求、尊重需求和自我实现需求五类。低级别公职人员在资产处置阶段的心理过程正符合其对需求的划分，如图4-7所示。

图4-7 资产处置阶段需求层次

首先，低级别不法公职人员有强烈的生理需求。除了要求实现基本的生理需求，低级别公职人员还有更高层次的生理需求。例如，希望为子女提供顶级的教育资源、保证晚年高水平的生活品质等，但是由于低级别公职人员的工资待遇不高，再加上低级别公职人员大多没有家族背景支持，满足不了这种高层次的生理需求。于是他们开始贪婪敛财，走向犯罪道路。在该阶段，低级别公职人员主要进行的还是"原始积累"，并没有开始资产的处置。

其次，低级别不法公职人员具有相应的安全需求。低级别公职人员会选择资产处置主要是出于安全的考虑。低级别不法公职人员通过对资产处置掩盖自己的犯罪行为，逃避法律制裁，使其非法资产合法化。为了实现安全的需求，低级别公职人员愿意支付一定的成本处置非法资产。

再次，低级别公职人员有社交和受尊重的需求。低级别公职人员的升迁多是由上级领导决定，再加上他们与基层群众关系密切，因此，为了获得领导的肯定以及群众的支持和尊重，低级别不法公职人员将非法资产行贿上级、笼络下属，一些公职人员甚至会将其部分非法资产向希望工程、福利事业捐款，大搞"形象工程"，以掩盖其犯罪的本质。除了保护自己安全外，也为了获得一定的名誉，获得别人的尊重。

最后，自我实现的需要是低级别公职人员最高层次的需要。低级别不法公职人员的自我实现，可以概括为名利双收。不仅将自己非法敛来的资产成功转化为安全、合法化的资产，同时还赢得了社会的尊重、良好的口碑。

2. 资产处置阶段期望效用分析

低级别不法公职人员在获得"原始积累"后，面临的下一个问题是如何处理这些非法资产。为了满足更高层次的需求，例如自身安全以及社会尊重的需求等，低级别公职人员通常选择处置非法资产。

设上游犯罪所得的非法资产为 V；若不进行资产处置，没被查出的概率为 q_1；被查出的概率为 $1 - q_1$。

未进行资产处置对应的期望效用函数为

$$E[q_1;V,0] = q_1 U_3(V) + (1 - q_1) U_3(0) \tag{4.4}$$

未进行资产处置对应的期望值的效用为 $U_3[q_1 V + (1 - q_1) \times 0]$。

若进行资产处置，q_2 为资产处置成功对应的概率；$1 - q_2$ 为资产处置行为失败被查出对应的概率；C_3 为资产处置成本；W_1 为资产处置成功对应的货币财富量，$W_1 = V - C_3$；0 为资产处置行为被查出，非法资产没收。

资产处置行为对应的期望效用函数为

$$E[q_2;W_1,0] = q_2 U_4(W_1) + (1 - q_2) U_4(0) \tag{4.5}$$

资产处置行为对应的期望值的效用为 $U_4[q_2 W_1 + (1 - q_2) \times 0]$。

3. 资产处置阶段风险偏好分析

（1）初始阶段

在初始阶段，如图 4 - 8 的 D 阶段，低级别公职人员能够获得的赃款较少，很难被监管部门查出，低级别公职人员也不愿意付出成本、冒着风险处置非法资产，即使进行了资产处置，也仅是用于家庭消费或购买奢侈品。因此，无论是否进行资产处置，低级别公职人员的不法行为都很难被发现，成功的概率 q_1

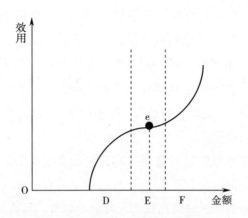

图 4 - 8   资产处置阶段心理演变

与 q_2 都可近似为 1 。因此，在这一阶段，犯罪主体多是风险规避者，他们认为，不处置资产的财富期望值的效用大于处置的期望效用，即

$$U_3[q_1V + (1 - q_1) \times 0] > U_4[q_2W_1 + (1 - q_2) \times 0]$$

在该时期，低级别不法公职人员的心理仍是肆无忌惮、贪婪敛财。

（2）转折阶段

进入到转折阶段，随着非法资产的不断增多，根据风险收益均等理论，风险也在不断地增加。如图 4 - 8 的 E 阶段，低级别公职人员有了安全需求，开始考虑用更安全、隐蔽的手段处置非法资产。

在 e 点之前，虽然低级别公职人员开始有了安全的需求，但由于低级别公职人员自身的文化水平不高，想不到用复杂的方法处置资产以及交际圈层次低，无法借助专业人才为其转移非法资产的特点，低级别公职人员仍不愿意进行资产处置。当到达 e 点时，低级别公职人员认为不处置和处置带来的效用是无差别的，即

$$U_3[q_1V + (1 - q_1) \times 0] = U_4[q_2W_1 + (1 - q_2) \times 0]$$

e 点之后，低级别公职人员开始意识到资产处置的重要性，但由于受小农意识的心理影响，再加上非法敛财相对不易，低级别公职人员并不愿意花费过高的成本处置非法资产。在整个 E 阶段，该曲线表示效用与金额的损益趋近线性关系，此时，低级别公职人员是风险中性，谨慎、避责心理逐渐显现。

（3）高峰阶段

之后的一个阶段，即高峰阶段。随着非法资产的进一步增加，风险随之加

大。如图 4-8 的 F 阶段，低级别公职人员认为，若不处置非法资产，极易被执法部门查出，此时处置资产的财富期望值的效用大于不处置的期望效用，即

$$U_3[q_1 V + (1 - q_1) \times 0] < U_4[q_2 W_1 + (1 - q_2) \times 0]$$

而且低级别公职人员除了安全的需求外，还有了社交和受尊重需求，在该阶段，低级别公职人员愿意放弃部分的个人利益，以更加隐蔽的方式处置大量非法资产，低级别公职人员偏向于风险爱好者。在该时期，低级别公职人员最为突出的心理特点是安全以及社交和受尊重需求的迅速膨胀，并成为其主导心理。

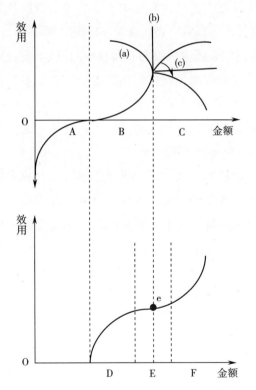

注：上图表示敛财阶段的心理演变
　　下图表示处置阶段的心理演变

图 4-9　敛财阶段与处置阶段心理演变对比

4.5.3　资产处置阶段与敛财阶段的对比分析

在现实生活中，上游的非法敛财与下游资产处置是不可能完全分离的，低级别不法公职人员往往都是敛财的同时也进行资产的处置。结合上述分析，将

两者作对比，得出如下结论：

1. 敛财阶段的 A 阶段，是低级别公职人员整个经济犯罪过程的初期。在该阶段，低级别不法公职人员要承受巨大的心理压力，小心谨慎地进行着非法敛财。在该阶段，低级别公职人员仅有少量的非法所得，几乎不会考虑资产处置，即使进行资产处置，也仅仅是满足于日常的消费，不会考虑到其他的资产处置手段。此时犯罪的心理体现为矛盾、恐惧的心理。

2. 处置阶段的 D 阶段到 e 点之前对应着敛财阶段的 B 阶段。低级别不法公职人员进入了敛财的疯狂时期，此时敛财已成为惯性。在该阶段低级别公职人员还是较少选择资产处置，即使进行资产处置也多是用于奢侈性消费以及大众化的资产处置手段。犯罪心理主要体现为居官自傲、贪婪、肆无忌惮等。

3. e 点之后 F 阶段之前的部分对应着敛财阶段的 C 阶段中曲线 c。低级别不法公职人员开始有了安全的意识，敛财有所收敛，但仍旧贪心不改，于是低级别公职人员希望在敛财的同时还能够掩盖自己的犯罪行为。在该阶段，低级别公职人员选择资产处置的方式主要有藏匿、以他人名义存入银行等。此时犯罪心理除了贪婪心理，谨慎、避责心理也逐渐显现。

4. 处置阶段 F 阶段对应着敛财阶段 C 阶段的 a、b 两种曲线。低级别公职人员开始更多地考虑安全以及社交和受尊重的需求，敛财所带来的效用已不再显著，低级别不法公职人员将大量的非法资产用于行贿上级，以此获得领导"信任"，得到升迁的机会，获得更高的社会地位。

第5章 高、低级别公职人员经济犯罪案例分析

本书数据来源于两部分。一是来自于《中华人民共和国最高人民检察院公报》等官方出版物和官方网站报道的已判决案例，如正义网、中国反腐网、国律网、中国法院网等，共有200个案例，这些案例多为要案和大案，级别相对较高。二是实地调研过程中某些地级市人民法院判决的530个基层案例，这些案例级别相对较低。本书中，高级别公职人员是指省部级、厅局级、县处级；低级别公职人员是指乡科级、基层干部、普通职员。其中，高级别案例共收集210个，有效案例190个，有效率达90.5%；低级别案例共收集520个，有效案例491个，有效率达94.4%。

5.1 典型案例分析

5.1.1 高级别公职人员典型案例分析

【案例一】

李某，大学本科学历，1984年正式参加工作，工作积极性高，业务能力强，具备管理能力，因而职务也是一路攀升，从普通科员到县委书记（正处级）。封丘县是一个名副其实的贫困县，李某怀着感谢党和人民的激昂斗志发誓改变这里，他也并未食言，2002年该县经济发展已进入快车道。他曾把事业看得比什么都重要，可是在荣誉和诱惑面前，开始了第一笔受贿3 000元，由于未及时醒悟，礼金从几千元上升到几万元甚至几十万元。他一边对外声称是"裸官"，且将部分受贿款上缴，一边却疯狂受贿1 575次金额达1 276万元。进一步侦查发现，其资产处置方式是借用多个身份证，以他人名义将巨额不法赃款藏匿。让

李某最终落马的并非其疯狂的受贿行为，而是因为群众对某家污染企业的举报，因此牵涉出李某低价出售国有资产的犯罪行为，并发现其受贿行为。

表5-1　　　　　　　　　　　　案例一信息表

上游经济犯罪描述	犯罪类型	犯罪金额	犯罪次数	敛财手段	暴露方式
	受贿	1 276万元	1 575次	现金	案件牵连
下游资产处置	表面清廉"裸官"，实则以他人名义藏匿巨款				
心理变化过程	事业心强 $\xrightarrow{诱惑}$ 受贿3 000元 $\longrightarrow$ 忐忑 $\xrightarrow{环境影响}$ 习以为常				

【案例二】

许某，1984年从镇长开始，凭靠自己的努力与奋斗，至1993年被任命为杭州市副市长（副厅级）。但由于世界观、人生观、价值观的偏离，走上了不归之路。许某贪污受贿金额高达1.98亿元，这些钱几乎都与房地产有关。他的第一笔受贿是1995年，来源于堂弟的150万元。接着陆续索取或收受浙江某集团董事长830万美元、海陆集团董事长2 000余万元、汉帛董事长2 000万元等。2009年案情暴露，检察机关发现许某房产八套、大量名人字画、多名情妇。其敛财手段是利用手中掌握的房地产开发管理权，公然违规操作，为开发商办事，换房换钱；且妻子从中帮助洗钱等违规操作。资产处置手段是奢侈性消费、投资购房、入股参股企业、购买名人字画。心理分析："近墨者黑"。许某在工作中结交的多是商贾、高官，望着别人的奢华生活，心态逐渐失衡，又因童年生活贫苦，有着严重的小农意识，产生了"金钱至上"的错误世界观。面对举报，存在严重的侥幸心理，法律意识淡薄。

表5-2　　　　　　　　　　　　案例二信息表

上游经济犯罪描述	犯罪类型	犯罪金额	敛财手段	暴露方式
	受贿、贪污	1.98亿元	现金、房产、名人字画	举报
下游资产处置	奢侈性消费、投资购房、投资企业、洗钱等			
心理变化过程	家境贫寒 $\xrightarrow{小农意识}$ 受贿 $\xrightarrow{参考体}$ 心里不平衡 $\xrightarrow{侥幸心理}$ 世界观扭曲			

【案例三】

李某，南京市化建集团原董事长（正厅级），出身于贫苦家庭，在职工作40多年，前30年兢兢业业，而后10年走上不归之路。2000年，化建集团下属近百家企业进行改制，利用此改制时机，李某借口帮助解决问题，疯狂收取贿赂。李某作为化建集团的实权人物，成为各种商人巴结的对象。兰某曾通过各种节日送红包和向其儿子发放工资的方式进行贿赂，前后共向李某行贿达 132 万元之多。杨某和陈某先后以各种"合乎情理"的借口分别送给李某一套房子（价值 51 万元）和 20 万元现金。钱收得多了，李某也会感到害怕，但贪婪战胜了恐惧，腐败之路越走越远。而后南京某物流公司杨某借送酒的方式在酒盒中送给李某 30 万元现金，起初李某并没有收下，但由于耐不住金钱的诱惑，最后陆续收下杨某送出的 24 万元。某公司总经理郭某也是企业改制的受益者，知道企业的发展离不开化建的支持，也先后向李某行贿 5 万元。李某曾说"我原先是个正直的人，走到今天这个地步，是环境的熏陶，是个潜移默化的过程"。当然这一切都离不开李某本性的贪婪与不顽强的自制力。

表 5 – 3　　　　　　　　　　案例三信息表

上游经济犯罪描述	犯罪类型	犯罪金额	敛财手段	暴露方式
	受贿	400 万元	现金、美元、房产	案件牵连
下游资产处置	奢侈性消费、投资藏匿、部分洗钱等			
心理变化过程	家境贫寒 →(意志坚强) 工作能力强 →(飘飘然) 私欲膨胀 →(改制时机) 受贿 → 起初不安 → 慢慢习惯 → 贪婪本性暴露 → 疯狂敛财			

5.1.2　低级别公职人员典型案例分析

【案例四】

朱某，村党委书记，可谓是名副其实的"一把手"，在职期间，多次贪污腐败。朱某自小生活在农村，高中学历，社会地位较低，担任村党委书记 10 多年，从未获得过任何提拔或是晋升。2003 年，该村得到 300 亩的农田补贴款，因其顾念自己工资水平较低，生活不够富裕，所以使他在金钱诱惑面前丧失了党性，未将补贴款分给百姓，而是落到了自己和亲戚的户头。首次贪污，朱某夜不能寐，但半年过去相安无事，便逐渐猖狂起来。2004 年以工人补贴为名虚开 1.6 万元的发票报销，2006 年从修路款中虚假报销 1 万元，2005 年从"防护堤资金"中将 9 万元占为己有，至案发日，朱某共贪污 12.6 万元。

表5-4   案例四信息表

上游经济犯罪描述	犯罪类型	犯罪金额	敛财手段	暴露方式
	贪污、挪用公款	12.6万元	现金	举报
下游资产处置	日常消费、存入银行			
心理变化过程	家境贫寒——→文化水平低——社会地位低→无晋升——不平衡→贪污——→夜不能寐——→逐渐猖獗			

【案例五】

肖某，出生于普通农民家庭，担任过基层干部、村党支部书记、不到四十岁就出任该乡党委书记（正科级）。任职期间，其审时度势、解放思想、开拓进取，把该乡打造成了农村改革成功的典型。面对成绩和荣誉，肖某开始骄傲，思想也开始放松，觉得自己应当得到晋升，而事实却没有，心理严重失衡，贪欲嫉妒膨胀，利用手中职权，开始疯狂敛财。2003年底，利用职务便利截留24万元公款予以侵吞，并把部分贪污款用于向其上级行贿，以期得到职位的晋升。但因时事有变，晋升未果，又面临着退休离职之际，2008年又采取各种欺骗手段将40万元据为己有。案发后，肖某说最后这笔贪污款项是用于养老、安度晚年的。所以，他并没有采取任何的资产处置方式，只是将不法所得部分存入银行、部分消费、部分藏匿于家中。

表5-5   案例五信息表

上游经济犯罪描述	犯罪类型	犯罪金额	敛财手段	犯罪次数	暴露方式
	贪污、行贿	64万元	现金	2次	举报
下游资产处置	存入银行、日常消费、藏匿家中				
心理变化过程	成绩和荣誉——骄傲自满→未得到晋升——→心理失衡——→贪污24万元——→行贿，晋升未果——→贪污40万元				

【案例六】

海葵街河塘社区居委会干部刘某，初中文化，贪污腐败100万元。2002年以来，刘某通过协助房地产开发商拉拢项目、变相帮助开发商融资、转让开发项目、帮助行贿人承揽工程项目等手段，疯狂贪污腐败。并且，其还涉及侵占本村集体资产85万元。调查发现，刘某贪污腐败的原因皆是因为无论是协助政府经营位于该区范围的国有土地、重大工程事项，还是管理宅基地分配、村集体土地等，均由其一人全面负责。所以，这些天时、地利导致了刘某胆大无节制的腐败犯罪。进一步调查发现，他所有的贪污受贿款项没有进行过多的下游资产转移，而是简单地存入银行和藏匿在家中。

表5-6 案例六信息表

上游经济犯罪描述	犯罪类型	犯罪金额	敛财手段	暴露方式
	贪污、挪用公款	100万元	现金	群众举报
下游资产处置	日常消费、存入银行、藏匿			
心理变化过程	村级"一把手"——工资低——贪污——权钱交易、理所当然——挪用公款——无所顾忌、疯狂敛财			

5.1.3 基于案例的高、低级别经济犯罪行为路径分析

1. 犯罪动机分析

高级别公职人员犯罪动机多是"以官求财"，低级别公职人员则多是"以财求官"。

高级别公职人员利用手中的公共权力换取经济财富，通常的途径是小到汽车或房屋过户、营业执照的办理，大到工程承包、贷款审批等。例如，案例二中的许某，利用身为杭州市副市长的职务便利，多次收受房地产开发商的贿赂，为其提供便利。也有很多时候是给行贿者提供职务上的晋升，如成克杰曾把某人从副县长提升为当地人民政府的副秘书长。

低级别公职人员由于级别低、社会地位低，所以他积累一定财富之后的目的便是想要得到职位的晋升。例如案例五的肖某，犯罪动机起初是想得到职位的晋升，最后由于未果，心理严重失衡，发生价值观的扭曲，从而进行疯狂的犯罪敛财。

2. 上游经济犯罪分析

高级别公职人员经济犯罪多为受贿，低级别公职人员多为贪污和挪用公款。

高级别典型案例一、二、三的犯罪类型皆为受贿罪，或是受贿与贪污并存；低级别典型案例四、五、六的犯罪类型皆为贪污罪，或是与行贿和挪用公款并存。更何况所搜集的案例并非仅限于以上六个，据广泛阅读案例及数据统计发现：高级别公职人员经济犯罪多为受贿，低级别公职人员多为贪污和挪用公款。高级别公职人员腐败犯罪涉案金额巨大，已经超出其奢侈生活的需要，如许某受贿贪污达1.98亿元，他们的敛财手段已接近疯狂，其中不乏买官卖官、洗钱

走私等行为。而低级别公职人员犯罪类型比较局限，集中于贪污和挪用公款，也有部分村干部进行受贿，其犯罪实施对象集中于村里的土地转让费用、土地承包费用、征地拆迁补偿费、救灾扶贫资金以及其他专项资金。

3. 下游资产处置方式分析

高级别公职人员经济犯罪资产处置方式更加复杂和多样化，而低级别公职人员相对简单。

目前，高级别公职人员主要采取权力的期权化、权力转让或假借，不法资产"漂白"和资本运作升值等隐蔽且复杂手段。正如前文案例和统计发现，高级别公职人员擅长用多种标的物进行敛财以及在资产处置过程中采取多种方式。低级别公职人员限于交际圈小、不法资产少、文化水平低，所以多数情况下没有能力、不愿意、并且想不到用较为复杂和隐蔽的方式处置非法所得。但是，2000 年后，相较于之前的传统经济犯罪手段，无论是高级别还是低级别公职人员经济犯罪实施方式都变得更复杂和多样化。

4. 心理分析

高、低级别公职人员所处社会环境不同，导致其价值观、人生观不同，从而影响其实施经济犯罪的动机、手段和心理状况。在世界开放的大背景下，落后腐朽的思想对一些意志薄弱的公职人员具有致命的诱惑力。高级别公职人员犯罪之初多是有巨大贡献的，之后发现其贡献与收入不成正比，面对社交中的"参考体"，心理严重失衡，从而走上不归之路。例如案例一的李某，参加工作时满腔热血，并且已创下辉煌业绩，但是在面对诱惑、与他人比较时，便产生贪欲，从而一发不可收拾。

而低级别公职人员多出身于贫困家庭，深知财富与地位的来之不易，所以犯罪时的志忐与小心翼翼比高级别更甚，且犯罪金额也远远不及高级别公职人员。当然，这只是就大部分的低级别案例而言，并不排除"小官巨贪"现象，但那毕竟是少数的。

5. 暴露方式分析

高级别公职人员经济犯罪案件具有高隐蔽性，所以导致其案件不容易被群众发现、进而举报，而多是在其他案件中被牵连，受到相关部门的查处。低级别公职人员职位限于县处级以下，相对于高级别公职人员，接触人民大众的机会较多，所以，一旦发生或是长期贪污腐败必会遭到群众的举报。

这些原因导致了高级别公职人员经济犯罪的潜伏期较长，且越来越长。近年被查处的省部级干部犯罪案件中，平均潜伏期为 6.31 年，最长的可达 14 年。而低级别公职人员潜伏期普遍较短，本书所统计的低级别公职人员的潜伏期平均在 3 年左右。

5.2 高、低级别公职人员经济犯罪案例的描述性分析

5.2.1 高、低级别公职人员个人特征描述性统计

公职人员个人特征包括：年龄、教育程度、家庭状况、所处行业即案发部门。所以，本部分从这四个方面分析高、低级别不法公职人员个人特征差异。

1. 年龄统计

如图 5－1 所示，低级别公职人员：年龄均值为 45.38 岁，其中 46 岁犯罪人员最多，占比 6.9%。高级别公职人员：年龄均值为 52.63 岁，其中 59 岁犯罪人员最多，占比 9.4%。可见高级别公职人员经济犯罪的年龄普遍高于低级别公职人员。

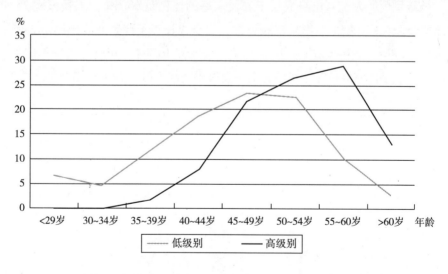

图 5－1 年龄分布

2. 受教育程度统计

低级别公职人员：高中及以下文化水平的不法公职人员占总统计数的 57%，而硕士及以上学历的人数为零。高级别公职人员：大学和硕士学历的公职人员

占总统计数的90%。因此就实证调研数据来看，不法高级别公职人员受教育程度普遍高于不法低级别公职人员。如图5-2所示：

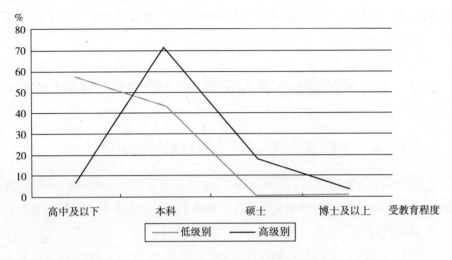

图5-2 教育程度分布

3. 家庭状况统计

低级别公职人员：出身成长于农民家庭的比例是65.6%、工薪家庭25.4%。高级别公职人员：家庭状况情况较分散，出身成长于干部家庭的比例是24%、工薪家庭24.8%、农民家庭27.2%、知识分子家庭16.8%。可见，某种程度上，低级别公职人员的家庭成长状况要恶劣于高级别公职人员。如图5-3所示。

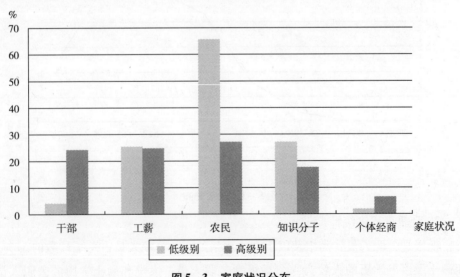

图5-3 家庭状况分布

4. 案发部门统计

就案发部门而言，不法高、低级别公职人员经济犯罪共同点是：案发部门较集中的都是政府部门。其中，调研统计时，低级别公职人员中政府部门指：基层村级、镇级党政职能机关；高级别公职人员中政府部门指：地方政府或中央政府及党委部门。差异点主要集中于以下两个方面：一是金融行业：低级别犯罪率明显高于高级别。这似乎与我们公认的金融高管犯罪较多，存在一定矛盾，但换个角度就会发现，虽然低级别公职人员在金融行业犯罪率较高，但研究统计发现其犯罪金额较低，而高级别公职人员一旦发生经济犯罪，其金额则是触目惊心的。并且就个人素质而言，越高级别的公职人员对金钱诱惑的抵抗力越大，或是作案手段更隐蔽，不易被检察机关侦测。二是农林业：低级别犯罪率明显高于高级别公职人员。如图 5-4 所示。

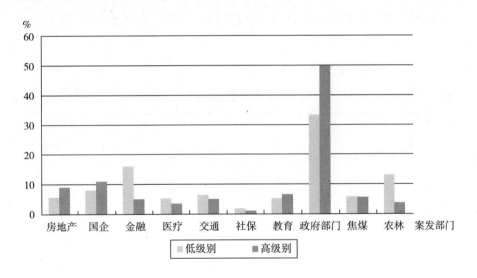

图 5-4　案发部门分布

5.2.2　高、低级别公职人员犯罪特征描述性统计

不法公职人员经济犯罪特征包括：犯罪类型、犯罪金额、标的物、资产处置方式。所以，本部分从这四个方面分析高、低级别不法公职人员经济犯罪特征差异。

1. 犯罪类型统计

低级别公职人员犯罪类型中出现频次较多的是贪污、挪用公款、受贿、巨额财产来源不明，且这四项占总频次的比例是93.2%。高级别公职人员犯罪类型中出现频次较多的同样是这四种类型，依次为：受贿、贪污、挪用公款、巨额财产来源不明，且占总频次的比例是86.7%。

其中，贪污罪：低级别公职人员出现频次占50.7%，而高级别公职人员只占18.2%；受贿罪：高级别公职人员出现频次占62.3%，而低级别公职人员只占15.3%。可见，低级别公职人员更倾向于贪污进行敛财，而高级别公职人员更倾向于受贿方式敛财。

491名低级别公职人员案件中，多数是以一种罪名被判决的，比例为87.1%，其余12.9%的案件是以多种罪名判决的；而在收集的190名高级别公职人员案件中，以一种罪名被判决的案件为57.9%，以双重或多重罪名判决的比例为42.1%。

通过对公职人员犯罪类型进行关联性分析，得出一旦公职人员以多种形式进行经济犯罪行为时，其罪名主要集中于贪污、受贿、挪用公款、巨额财产来源不明。如表5-7、表5-8所示。

表5-7　　　　　　　　　　　低级别犯罪类型频次前四位

犯罪类型	总频次		单独出现频次		关联频次	
	绝对数	比例（%）	绝对数	比例（%）	绝对数	比例（%）
贪污	249	50.7	220	51.4	29	46.0
挪用公款	159	32.4	139	32.4	20	31.7
受贿	75	15.3	61	14.4	14	22.3
巨额财产来源不明	8	1.6	8	1.8	0	0.0
合计	491	100	428	100	63	100

表5-8　　　　　　　　　　　高级别犯罪类型频次前四位

犯罪类型	总频次		单独出现频次		关联频次	
	绝对数	比例（%）	绝对数	比例（%）	绝对数	比例（%）
受贿	118	62.3	70	63.7	48	60
贪污	35	18.25	24	21.8	11	13.8
挪用公款	24	12.2	10	9	14	17.5
巨额财产来源不明	13	7.25	6	5.5	7	8.7
合计	190	100	110	100	80	100

对高、低级别公职人员受贿所得来源进行分析，得出结论：低级别公职人员中，受贿多来源于一类人群，最多的是利益相关人，其次为下属；而高级别公职人员中，受贿多来源于不同的人群，如利益相关人和下属、亲属以及情人，见图 5 - 5。

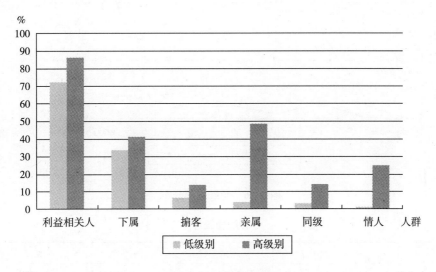

图 5 - 5　受贿来源分布

2. 犯罪金额分析

由于犯罪金额的差距波动较大，所以采取分级的形式来进行统计，统计结果见图 5 - 6。并得出结论如下：一是犯罪金额小于 10 万元的案例，低级别公职人员占 59.7%，高级别公职人员占 7.9%；二是犯罪金额大于 100 万元的案例，低级别公职人员占 11%，高级别公职人员占 76.9%。总结为，低级别公职人员犯罪金额普遍较低，高级别公职人员犯罪金额普遍较高，最高可达千万元，甚至上亿元人民币。

3. 标的物统计

标的物是指公职人员实施经济犯罪敛财时的手段，在本书的调查信息中，标的物包括货币、物品、房产和股权。低级别公职人员中，采取一种标的物犯罪的达 95.7% 之多，而其中又有 97.4% 都是采取货币这种标的物。可见低级别公职人员很少用多种标的物进行犯罪。

高级别公职人员中，采取一种标的物犯罪的只有 37.4%，其他的都是采取多种标的物实施犯罪，两种或三种不等。其统计见表 5 - 9。

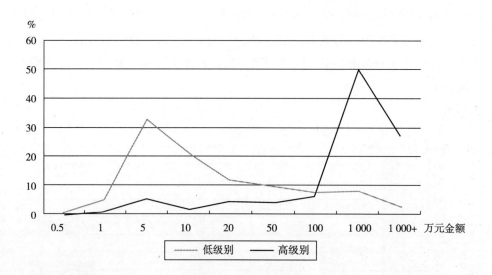

图 5 – 6　犯罪金额分布

表 5 – 9　　　　　　　　　　　　　　　标的物统计

	货币	物品	房产	股权
低级别	87.6%	9.88%	2.06%	0.46%
高级别	10.6%	52.08%	29.66%	7.66%

4. 下游资产处置方式统计

对高、低级别公职人员经济犯罪的资产处置方式进行统计，得出以下结论：

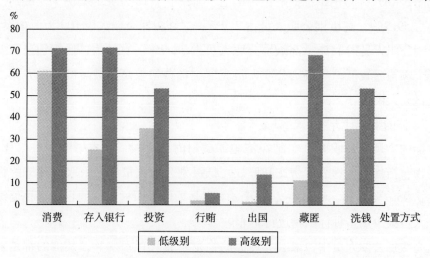

图 5 – 7　下游资产处置方式分布

一是低级别公职人员主要采取存入银行、奢侈性消费、投资这三种方式转移不法所得，高级别公职人员相对低级别公职人员的方式较多样化，分散化，涉及以上七种，较多的方式为藏匿、存入银行、奢侈性消费、投资，不同的是，高级别公职人员中的投资比例较低级别公职人员更大些；二是低级别公职人员犯罪时擅长采取一种方式处置不法所得，而高级别公职人员更擅长采取多种方式处置不法所得。

第6章 高、低级别公职人员
经济犯罪行为比较分析

6.1 行为主体假设与决策的约束条件

6.1.1 行为主体假设

1. 拥有支配或影响支配公共资源的权力只是具备了走向经济犯罪的客观条件，具备这种客观条件的个人最终是否达成经济犯罪行为，取决于个体差异及个体主观行为决策作用。我们认为，这一假定比较贴近现实，否则无法解释在同样的社会条件下为什么只有部分而不是所有公职人员都实施经济犯罪，且实施经济犯罪的程度存在差异。

2. 公职人员作为社会中的一员，其行为目标是追求个人效用最大化。人本质是利己的，不论是在普通市场或政治市场中，无论其政治级别有多高，其活动目的仍是追求个人效用最大化，核算时采用的手段还是以成本收益分析为根据。

3. 行为主体只有有限理性。理性是行为主体在既定环境约束下，具有某种目标倾向性的行为特征。由于现实生活的复杂性、环境的不确定性、人的智力和时间的有限性，所以，虽然人们有达到理性的追求，但又是有限的。这就导致公职人员在权衡效用利得时可能出现偏差，引起决策的判断失误。

4. 自利性，即每个人都为自己着想，从而追求个人认为值得的东西。经济人内在的偏好结构决定了个体对不同目标的价值评价。而意识形态和社会环境，可能通过改变个体的偏好结构，而影响其自利判断。

6.1.2 行为决策的约束条件

在现实生活中，公职人员追求个人效用最大化会受到各种条件的约束，他们的行为决策往往是对各种利弊反复权衡的结果，究竟是否选择犯罪或选择何种犯罪方式，要受到各种主客观因素的约束影响。

1. 需求动机的约束

欲望与动机是人类行为的出发点，对于公职人员经济犯罪也不例外。经济犯罪的动机取决于对效用的价值判断和追求，按照马斯洛的需求层次理论，首先考虑的是基于生存需要的经济利益效用，其次是社会地位和情感与尊重需要的心理效用，最后才是自我实现的发展效用。在通过正常途径无法满足时，利用公共权力谋取私利的冲动就难以避免。通过实地调研的案例总结，可以得出不法公职人员从低级别到高级别的犯罪历程是：首先由于职位低、权力有限且工资收入较低，只能满足日常的简单消费；当犯罪机遇来临时，其就有可能为满足更高的物质享受需要而走上贪污腐败的道路。其次，当其满足了物质需要之后，又可能产生社会地位晋升的需要，若此时有机会，其很可能向别人行贿进行买官得到官位的晋升。最后，具备了一定的财富积累与官位提升后，其可能会产生自我发展的需要如提升其社会影响力等，此时，其就有可能采用行贿受贿方式等结交各路朋友，为其官位的稳定与社交形象的塑造奠定基础。

2. "进入"成本的约束

公职人员"进入"成本是指普通人进入到"公职人员"队伍并且获得目前的工资水平与社会地位所需付出的一切成本。权力资源的稀缺性决定了"进入"成本的昂贵，其大致包括：一是教育成本。管理者对专业知识和文化素质有着较高的要求，所以这就导致普通人转为公职人员或高级公职人员这期间需要投入大量的时间成本和教育成本。二是成长成本。由普通的公职人员到拥有一定决策权的官员尚有一定距离，需要支付素质提高的训练成本和时间成本。三是公共关系成本。它包括最初"进入"公职人员队伍所需付出的关系成本和日后进行维护公共关系所付出的成本。这里虽说是约束条件，其实际也是公职人员经济犯罪的驱动条件之一。一旦公职人员认为自己的正常工资无法满足各种"进入"成本时，就有可能产生以权谋私的冲动。级别高低，通常意味着"进入"成本的高低。因而高级别公职人员就可能为弥补损失或补偿心理失衡而选择犯罪，当然由于"进入"成本高，亦会导致高级别公职人员在面临犯罪决策或是选择何种犯罪方式时更加谨慎。

3. 道德自律的约束

良好的自律意识和道德修养是公职人员对所拥有权力实施行为的重要约束

条件，在物质条件既定的基础上，公职人员的权力选择行为差异就主要取决于不同个体的自律意识和道德观念的强弱。一般来说，权力掌控者道德水平的高低与权力腐败行为的发生率呈负相关。

一个人的价值观与道德素养是极难衡量与把握的，本书认为影响公职人员道德观念和自律意识形成的因素主要有三个：一是个体的受教育程度；二是个体成长的家庭环境；三是法制意识。高级别公职人员中大学及以上学历的人员比例为93.5%，而低级别公职人员只占43%，可见低级别公职人员受教育程度低于高级别公职人员。高级别公职人员家庭状况分布均匀，低级别公职人员多是农民与工薪家庭，占比为91%，可见低级别公职人员成长的家庭状况要劣于高级别公职人员。并且，法制观念的形成与受教育程度和周围成长环境有着密切的相关关系。一般而言，教育程度越高，成长环境越和谐，则越有利于公职人员法制意识的培养。因此，就个人道德修养而言，高、低级别不法公职人员普遍缺少法制意识约束，而低级别公职人员更应关注道德修养和自律意识的形成。

6.2　公职人员效用函数模型构建

根据杰瑞米·边沁效用主义研究，个人效用函数一般包括下列变量：感官享受、财富、受人尊敬、友谊、个人声誉、权力、忠诚、希望、结社、免予痛苦等。为了针对公职人员特征、结合经济犯罪现象的主要类型集中分析公职人员在既定制度条件下的个体行为表现，从上述效用函数集内，取最能反映公职人员这一群体效用偏好选择的5个影响因素变量，且这些变量能较好地解释高、低级别公职人员经济犯罪行为决策的差异：权力 Q、忠诚 P、财富 X、感官享受 H、社交 F 等，组成公职人员效用函数。忠诚指公职人员对公职岗位的热爱、尊敬及忠诚程度，其与公职人员的道德素质高低呈正相关关系。

设公职人员犯罪前效用函数如下

$$U_0 = u(Q,P,X,H,F) = aQ + bP + cX + dH + eF \qquad (6.1)$$

式中：$a + b + c + d + e = 1$；U_0 为总效用值；Q、P、X、H、F 为各变量的效用值；a、b、c、d、e 为各变量对应的系数，是个体对各变量的主观评价系数。

设公职人员经济犯罪被查处的概率为 ρ，将犯罪金额 Δx 代入式（6.1）得

犯罪后预期总效用 U_1

$$U_1 = (1 - \rho)[aQ + bP + c(X + \Delta x) + dH + eF] \tag{6.2}$$

对 (U_1) 关于 (ρ) 求导得到

$$dU_1/d\rho = -[(aQ + bP + cX + dH + eF) + c\Delta x] < 0 \tag{6.3}$$

对 (U_1) 关于 (Δx) 求导得到

$$dU_1/d\Delta x = c(1 - \rho) \quad (0 < c(1 - \rho) < 1) \tag{6.4}$$

理性经济人犯罪发生的临界条件为 $U_1 = U_0$。当 $U_1 > U_0$ 时犯罪发生，当 $U_1 < U_0$ 时犯罪不发生。

$$(aQ + bP + cX + dH + eF) - \rho(aQ + bP + cX + dH + eF) + c\Delta x - \rho c\Delta x$$
$$= (aQ + bP + cX + dH + eF)$$

解得

$$\rho = c\Delta x/(aQ + bP + cX + c\Delta x + dH + eF) \tag{6.5}$$

$$\Delta x = [\rho/c(1 - \rho)] \times (aQ + bP + cX + dH + eF) \tag{6.6}$$

$$U_1 - U_0 = -\rho(aQ + bP + cX + dH + eF) + c\Delta x - \rho c\Delta x \tag{6.7}$$

式 (6.3) 表明：预期效用 U_1 与查处概率 ρ 之间存在负相关关系，ρ 越大，U_1 越小；反之则相反。其与事实相符，即查处概率越大，公职人员经济犯罪所获预期效用越低，反之则相反。

式 (6.4) 表明：预期效用 U_1 与财富系数 c 之间呈正相关关系，但与查处概率 p 之间呈负相关关系。c 的值越大、ρ 越小，U_1 也越小；反之则相反。在 c 既定时，随着 ρ 的上升，$dU_1/d\Delta x$ 减小即 U_1 的增速下降。再加之本身效用函数存在的边际效用递减，新增财富 ΔX 带来的实际效用增量更小。只有当 $\rho = 0$ 时，新增财富 Δx 实际带来的效用才以 c 的速率增加。公职人员在考虑接受一笔犯罪金额时通常会以 c 来计算该笔犯罪金额带来的效用增量，而实际上，该笔犯罪金额带来的效用增量仅以小于 $c(1 - \rho)$ 的速度上升，这即是经济学所指的效用幻觉。

式 (6.5) 表明：检察机关查处概率的确定应综合考虑公职人员经济犯罪金额、个人的财富系数以及本身所具有的效用总量。

式 (6.6) 表明：犯罪金额的大小与财富系数呈反相关关系，与既有效用量和被查处概率呈正相关关系。

6.3 基于效用模型的高、低级别公职人员经济犯罪行为决策差异分析

通常情况，面对一笔不法金额 Δx ，公职人员所作的第一个合理正常反应，就是衡量它的预期效用大小以及与他最初的效用值作比较。该"衡量"过程实际上是一个主观评价决策的过程，主要是根据各种约束条件进行效用计算比较，公职人员根据衡量与计算的结果作出是否实施受贿或贪污等经济犯罪的决定。由上述模型可知，影响公职人员决策过程的因素通常包括个人效用偏好结构、既有财富值、相对效用数量、犯罪金额以及风险偏好。其中个人效用偏好结构主要由权力 Q 、忠诚 P 、财富 X 、感官享受 H 、友谊 F 的对应系数 a、b、c、d、e 所决定，其多取决于个人的主观素质。

6.3.1 个人效用偏好结构差异分析

结论：个人效用偏好结构不同导致高、低级别公职人员经济犯罪决策的差异。

分析：个人效用偏好结构即个人效用函数如（6.1）式所描述的，由两部分组成，一是各变量的绝对效用量，二是各变量对应的系数。变量对应系数的大小，决定了该变量（如权力 Q 、忠诚 P 、财富 X 、感官享受 H 、社交 F ）在这一效用函数中所起的影响力大小，也决定了个人效用偏好的排列顺序。一个人的效用偏好结构并非一成不变，其因不同时期的需求偏好而不同。

真实案例：某级别较低的公职人员，在他刚刚进入"公职人员"这个岗位时，是一个正直、忠诚于组织、热爱事业的人，即忠诚系数 b 很大，效用偏好排序可能是 $P > F > Q > X > H$ ，此时他进行经济犯罪的倾向性较小。对于一个久经职场、级别中等的公职人员，会通过与同龄经商者比较，从而在经济收入差距方面产生心理失衡，极有可能变成一个金钱至上、追逐利益之人，即财富系数 c 很大，效用偏好结构可能是 $X > Q > H > F > P$ 或 $Q > X > H > F > P$。此时，一旦贪污腐败机会出现，他实施经济犯罪的概率会大大增加。对于一个厅局级或省部级公职人员，他对财富的欲望已不似先前强烈，而是转为感官享受 H 或社交 F 的需求，即感官享受系数 d 和社交系数 e 很大，效用偏好结构可能

是 $H > F > X > P > Q$ 或 $F > H > X > P > Q$。此时，他可能会选择接受行贿者的吃喝享乐等各种物品或服务贿赂犯罪方式。

6.3.2　财富指标差异分析

结论：就财富指标 X 而言，高级别公职人员比低级别公职人员经济犯罪倾向性小。可是，一旦高级别公职人员发生经济犯罪，其犯罪金额 Δx 越大。

分析：假设两名公职人员的个人效用偏好结构相同、所处环境一样，唯一差别是甲比乙拥有更多的财富。财富由两部分组成：一是家族资金；二是工资：工资由货币收入和大量如住房、医疗、各种社会福利等构成的非货币收入组成。因家族资金存在明显的个体特征，不具有共性，无法分析高、低级别公职人员的差异，所以我们这里拟只考虑财富由工资决定。通常情况下，高级别公职人员的合法工资要明显高于低级别公职人员。财富多意味着甲的财富绝对效用量大于乙的，在边际效用递减作用下，同一笔犯罪金额给甲带来的效用增量会小于给乙带来的效用增量，因而，甲选择经济犯罪的倾向性会小于乙的。因这里级别的高低意味着财富的多少，所以可以认为高级别公职人员经济犯罪倾向性小于低级别公职人员。

同样由于边际效用递减规律，要使财富既有数量多的即高级别公职人员的效用增量等于财富既有数量少的即低级别公职人员，需要提供的犯罪金额越大。这也就可以解释现实生活中，公安、检察机关查处的大额腐败案件。如表 6-1 所示，伴随着级别的上升，犯罪金额也在相对的不断增加。

表 6-1　　　　　　　　　不同级别公职人员犯罪金额统计表

	级别	< 0.5	0.5~1	1~5	5~10	10~20	20~50	50~100	100~1 000	> 1 000
低级别	普通职员	0.8%	1.7%	1.7%	14.3%	11.8%	14.3%	16.0%	9.2%	5.0%
	基层干部	0%	7.2%	39.6%	21.9%	13.3%	8.3%	3.6%	5.8%	0.4%
	乡科级	2.1%	3.2%	20.2%	27.7%	7.4%	9.6%	8.5%	13.8%	7.4%
高级别	县处级	0%	2.2%	11.1%	4.4%	8.9%	7.8%	7.8%	46.6%	11.1%
	厅局级	0%	0%	0%	0%	1.2%	2.3%	7.0%	48.9%	40.7%
	省部级	0%	0%	0%	0%	0%	0%	0%	63%	37%

6.3.3　相对效用数量差异分析

结论：就相对效用数量而言，高级别公职人员比低级别公职人员经济犯罪倾向性大。

分析：实际生活中影响公职人员决策行为的不仅是绝对效用数量，更多的是相对效用数量。比较心理分为横向和纵向比较。横向比较是指不同公职人员之间的相互比较。人们对自己现状的判断更多依赖于与他人状况的比较，当选择某一参照物，如同级别的同事或社交中非公职人员朋友，当发现自己的经济状况或社会地位等落后于他人时，自己的相对效用就会下降，即经对比后认为差距越大，相对效用下降得就越多，就会产生攀比、嫉妒、不满足、导致欲望的驱动，急切希望通过任何方式增加自己的效用量，从而可能转变为风险偏好型，直至走上犯罪的道路。纵向比较是指公职人员拿自己的现状与过去境况相比较，一旦发现，目前不如过去、或目前的生活状况不如自己的预期也会产生强烈的增加此时效用量的欲望。

高级别公职人员生活中接触的人们要么是拥有显赫头衔，要么是家财万贯的所谓"上流社会"人物。通过将他们作为参考团体，高级别公职人员较低级别公职人员更容易迷失自我，产生不满足及失衡心理，由于欲望的驱使就容易在不理智的情况下作出贪污或受贿等经济犯罪的决策。

6.3.4　犯罪金额差异分析

结论：犯罪金额 Δx 的大小与既有效用量和查处概率呈正相关关系，与个人财富系数 c 呈负相关关系。

分析：由式（6.6）可知，犯罪金额 Δx 的大小与既有效用量和查处概率成正比，与个人财富系数 c 成反比。个人既有效用量越大，公职人员经济犯罪所要求的金额越大。即上文分析的，高级别公职人员经济犯罪金额高于低级别公职人员。

相关法律制度越严格、经济犯罪查处概率越高，公职人员经济犯罪的金额越大。因此时实施经济犯罪的风险较大、机会成本较高，所以公职人员经济犯罪所要求的补偿金额越大。

就监管力度来看，对高级别公职人员的监管与惩治力度相对要大于低级别公职人员，因而高级别公职人员的犯罪金额普遍较高，如表 6 - 1 所示。

个人财富系数越大，公职人员经济犯罪金额越小，反之则相反。由（6.1）式可知，在制度控制力度既定情况下，财富系数大的公职人员仅需较小的一笔犯罪金额，其效用总量就会有大幅度提高。

6.3.5 风险偏好差异分析

分析：不同级别公职人员对风险的分析与承受能力各异，所以，对选择是否实施经济犯罪的决策也因人而异。

根据不法公职人员对待风险态度的不同，可以把公职人员分为风险规避型、风险中性型、风险偏好型和混合型。

对于同一犯罪金额，对风险规避型公职人员来讲，在边际效用递减的作用下，其效用增量呈递减趋势，即以小于 c 的速度增加。风险中性型的边际效用不变，其效用增量以 c 的速度增加。风险偏好型的边际效用呈递增，同一犯罪金额所带来的效用增量以大于 c 的速度增加。混合型公职人员指经济犯罪初期是风险规避型的；随着时间的推移和犯罪金额的累积，其偏好趋向于风险中性型；根据经济犯罪敏感性递减规律，该类型公职人员对犯罪金额的数量的递增产生麻木心理，从而产生更愿意冒险的决策，此时属于风险偏好型。

现实生活中，公职人员多是属于混合型的，很少有风险偏好是一成不变的。在不涉及其他影响因素情况下，风险偏好型的经济犯罪倾向性最大，风险中性型其次，风险规避型最小。混合型即为三者的综合。

通过分析公职人员经济犯罪决策受到需求动机、"进入"成本、道德自律三个条件约束。在引入由权力、忠诚、财富、感官享受、社交五个变量组成的公职人员效用函数的基础上，得出影响公职人员经济犯罪决策的因素是个人效用偏好结构、财富值、相对效用量、犯罪金额以及风险偏好。

研究结果表明：个人效用偏好结构不同导致高、低级别公职人员经济犯罪决策的差异；就财富指标而言，高级别公职人员比低级别公职人员经济犯罪倾向性小，但一旦高级别公职人员发生经济犯罪，其犯罪金额就大；就总体效用指标而言，高级别公职人员比低级别公职人员经济犯罪倾向性大。

6.4 高、低级别公职人员经济犯罪隐蔽性比较研究

随着我国对腐败打击越来越严厉，不法公职人员越来越趋向于采取更隐蔽、

安全的方法捞取钱财，或是处置非法所得。由早期的直接给受贿者送红包到后来的房产与股权的转移；由简单地将不法所得存于家中渐渐转为投资或洗钱。同时，大量的公职腐败案例表明，涉及高级官员的腐败行为更加隐蔽。基于此，本书提出以下假设：

假设一：高级别不法公职人员经济犯罪比低级别不法公职人员经济犯罪更加隐蔽。

假设二：影响高、低级别不法公职人员经济犯罪隐蔽性的因素及其程度都存在差异。

6.4.1 样本描述与量化

经济犯罪隐蔽性是指犯罪案件被发现与侦破的可能性大小。从影响公职人员经济犯罪隐蔽性来看，既有个人因素又有犯罪因素。个人因素包括年龄、教育程度、家庭状况、行业；犯罪因素包括总金额、潜伏期、犯罪次数、所得来源种类。

根据前辈的文献研究和调查信息表选取可以量化的指标如下：（1）潜伏期；（2）敛财手段即标的物，如隐蔽性较差的是货币敛财，隐蔽性较强的是股权敛财；（3）资产处置方式，如隐蔽性较差的是奢侈性消费，隐蔽性较强的是洗钱。

根据文献回顾和研究假设，本书选择年龄、教育程度、家庭状况、所处行业、总金额、潜伏期、犯罪次数、所得来源种类8个解释变量来考察，模型变量量化及指标均值见表6－2。

表6－2　　　模型变量量化及高、低级别不法公职人员变量均值计算

变量名称		变量描述	高级别均值	低级别均值
被解释变量				
	标的物	0：不隐蔽（货币、物品）　1：隐蔽（房产、股权）	0.64	0.32
	资产处置方式	0：不隐蔽（奢侈性消费、存入银行、投资）1：隐蔽（行贿、资助子女出国、匿藏、洗钱）	0.59	0.27
解释变量				

变量名称		变量描述	高级别均值	低级别均值
个人因素	年龄	1. 29 岁以下　2. 30 ~ 34 岁　3. 35 ~ 39 岁　4. 40 ~ 44 岁　5. 45 ~ 49 岁　6. 50 ~ 54 岁 7. 55 ~ 59 岁 8. 60 岁以上	6. 22	4. 82
	教育程度	1. 高中或中专及以下　2. 大学　3. 硕士　4. 博士及以上	2. 23	1. 42
	家庭状况	0. 不富裕　1. 富裕	0. 66	0. 32
	行业	1. 农林业　2. 交通邮政　3. 商业　4. 社保　5. 教育　6. 医疗卫生　7. 房地产　8. 焦煤　9. 金融　10. 政府机构	7. 86	6. 80
犯罪因素	总金额	1. 0.5 万元以下　2. 0.5 万 ~ 1 万元　3. 1 万 ~ 5 万元　4. 5 万 ~ 10 万元　5. 10 万 ~ 20 万元　6. 20 万 ~ 50 万元　7. 50 万 ~ 100 万元　8. 100 万 ~ 1 000 万元　9. 1 000 万元以上	7. 80	4. 65
	潜伏期	1. 1 ~ 3 年　2. 4 ~ 6 年　3. 7 ~ 9 年　4. 10 年以上	3. 22	2. 15
	犯罪次数	1. 1 ~ 5 次　2. 6 ~ 10 次　3. 11 ~ 20 次　4. 20 次以上	2. 46	1. 27
	所得来源种类	1. 1 种　2. 2 种　3. 3 种　4. 4 种　5. 4 种以上	2. 45	1. 15

注：行业按经济犯罪领域的不易发到易发排序。

从表 6 - 2 可知以下内容。

潜伏期：高级别不法公职人员的潜伏期均值为 3. 22（相当于 7. 55 年），低级别不法公职人员的潜伏期均值为 2. 15（相当于 3. 21 年）。潜伏期作为衡量隐蔽性的一个指标表明，高级别不法公职人员较低级别公职人员经济犯罪更隐蔽。

标的物：高级别不法公职人员中隐蔽性较高和很高的概率为 31.4%，而低级别不法公职人员为 5.6%。高级别不法公职人员均值为 0.64，大于低级别不法公职人员的均值 0.32。

资产处置方式：高级别不法公职人员中隐蔽性较高和很高的概率为 58.9%，而低级别不法公职人员为 27.3%。高级别不法公职人员均值为 0.59，大于低级别不法公职人员的均值 0.27。

潜伏期、标的物、资产处置方式作为衡量隐蔽性的三个指标都表明，高级别不法公职人员比低级别不法公职人员经济犯罪更加隐蔽。基于此，假设一成立。

6.4.2 模型运算结果分析

1. 影响高、低级别公职人员经济犯罪隐蔽性的共同因素分析

将影响高、低级别公职人员经济犯罪隐蔽性的共同因素归纳见表 6-3，分析如下：

表 6-3 影响高、低级别公职人员经济犯罪隐蔽性的共同因素

标的物选择模型中共同影响因素分析			资产处置方式模型中共同影响因素分析		
影响因素	高级别	低级别	影响因素	高级别	低级别
年龄	-0.279	0.343	教育程度	0.969	0.247
	年龄越小，其上游犯罪实施的标的物越隐蔽。	年龄越大，其上游犯罪实施的标的物越隐蔽。		系数皆为正：教育程度越高，其下游资产处置方式越隐蔽。但教育程度对高级别模型的影响程度大于低级别的。	
总金额	0.886	0.468	总金额	0.455	0.638
	系数皆为正：犯罪总金额越大，其上游犯罪实施的标的物越隐蔽。			系数皆为正：犯罪总金额越大，其下游资产处置方式越隐蔽。	
			行业	0.114	-0.062
				行业若是经济犯罪易发领域，则下游资产处置越隐蔽。	行业若不是经济犯罪易发领域，则下游资产处置越隐蔽。

（1）标的物模型：年龄和总金额是影响高、低级别模型的共同因素。

高级别模型中年龄对应的系数为负，说明不法公职人员年龄越低，其上游经济犯罪选择的标的物越隐蔽。而低级别模型中年龄越大，其不法公职人员选择的标的物越隐蔽。描述统计发现，高级别不法公职人员犯罪年龄主要集中在 50～64 岁，频率为 68.4%；而低级别不法公职人员犯罪年龄主要集中在 40～54 岁，频率为 61.7%。人到 50 岁进入知天命之年时，比 40 岁左右年龄的人拥有更成熟的思维，又比 60 岁左右年龄的人更谨慎，所以此期间犯罪会采取更隐蔽的方式。

总金额在高、低两模型中系数均为正，说明犯罪金额越大，不法公职人员标的物敛财方式越隐蔽。

（2）资产处置方式模型：总金额、教育程度、行业是影响高、低级别模型的共同因素。

总金额的影响方向与意义同标的物模型。

教育程度虽是影响高、低级别模型的共同因素且方向相同，但重要性有所差别，高级别模型中对资产转移隐蔽性按影响大小依次为：总金额、教育程度、行业、潜伏期；低级别模型中依次为：总金额、犯罪次数、行业、家庭状况、教育程度。

行业在高级别模型中，对应系数为正，说明不法公职人员的犯罪行业越是犯罪易发领域，其采取的资产转移方式越隐蔽。而在低级别不法公职人员中结论恰是相反的。

（3）总金额是影响高、低级别标的物和资产处置方式模型的共同因素。

2. 影响高、低级别公职人员经济犯罪隐蔽性的差异因素分析

（1）标的物模型：所得来源种类、犯罪次数仅是高级别的影响因素，教育程度和家庭状况仅是低级别的影响因素，归纳分析见表6-4。

表6-4　　　　　　　　　　标的物模型中差异影响因素分析

影响因素	高级别	低级别	分析
所得来源种类	0.571 所得来源种类越多，其上游犯罪实施的标的物越隐蔽。	不显著	低级别公职人员由于其所处行政级别的限制，收受贿赂的机会较少，经济犯罪多数为贪污腐败，所以极少涉及受贿罪，也就不涉及受贿所得来源。而高级别公职人员位高权重，收受贿赂的机会与条件较多，且同一腐败案例中往往会涉及多方受贿来源者。
犯罪次数	-0.083 犯罪次数越少，其上游犯罪实施的标的物越隐蔽。	不显著	低级别公职人员的作案多是单独、一次性的完成，极少涉及窝案、串案，且由于自身时间和能力的限制，没有办法实施很多的犯罪案件，因而其犯罪次数较高级别少，个体之间无显著性差异。
教育程度	不显著	0.845 教育程度越高，其上游犯罪实施的标的物越隐蔽。	高级别公职人员教育水平普遍较高，其中大学和硕士水平的有90%，而低级别中教育程度主要集中在高中水平，为57.9%。因而，教育程度在高级别模型中无显著性差异。

影响因素	高级别	低级别	分析
家庭状况	不显著	−0.739 家庭状况越不富裕，其上游犯罪实施的标的物选择越隐蔽。	统计分析发现：高级别公职人员的成长家庭状况较优越于低级别，且其家庭状况的差异性较小。因而，家庭状况在高级别模型中的影响意义不显著。

（2）资产处置方式模型：潜伏期仅是高级别的影响因素，犯罪次数和家庭状况仅是低级别的影响因素，归纳分析见表6-5。

表6-5　　　　　　　　资产处置方式模型中差异影响因素分析

影响因素	高级别	低级别	分析
潜伏期	0.155 潜伏期越长，其下游资产处置方式越隐蔽。	不显著	潜伏期是指从作案到案发的时间间隔。低级别公职人员从作案到案发的时间普遍较短，因而个体之间并无显著性差异。
家庭状况	不显著	−0.110 家庭状况越不富裕，其下游资产处置方式越隐蔽。	多数成长于家庭条件较差的公职人员，其所形成的价值观不允许自己进行奢侈性消费等易于暴露的资产处置方式，而是采取如匿藏、洗钱或是转移境外等较隐蔽的处置方式。
犯罪次数	不显著	−0.435 犯罪次数越少，其下游资产处置方式越隐蔽。	低级别公职人员每次犯罪的金额较少，如果犯罪次数较少的话，总金额也较少，基本上去满足日常消费，因此隐蔽性较好。

3. 影响高、低级别公职人员经济犯罪隐蔽性的主要因素分析

影响高级别公职人员经济犯罪隐蔽性的主要是犯罪因素，影响低级别公职人员经济犯罪隐蔽性的主要是个人因素。

在高级别标的物模型的四个自变量中，总金额、犯罪次数、所得来源种类都可归为犯罪因素，而在低级别模型中只有总金额一个变量。在低级别标的物模型的四个自变量中，年龄、教育程度、家庭状况都可归为个人因素，而在高级别模型中只有年龄一个变量。同理这种现象出现在高、低级别公职人员资产处置方式模型中。高级别公职人员受教育程度普遍较高、所处行政级别也较高，

因而犯罪因素更为显著；而相对于高级别公职人员犯罪金额主要集中在 100 万元以上，频率为 80.1%，低级别犯罪金额主要集中在 10 万元以下，频率为 60.6%。因而，犯罪因素对低级别公职人员经济犯罪隐蔽性的影响弱化，个人因素对其影响更显著。

第7章 公职与非公职人员经济犯罪比较研究

7.1 公职与非公职人员经济犯罪特征分析

为了能够详尽地解释和说明目前公职与非公职人员经济犯罪的特征，本章从个体特征和犯罪特征两个方面进行信息的统计，包含年龄、成长环境、犯罪类型、犯罪金额、受教育程度、案发领域等多项指标。

7.1.1 不法公职与非公职人员的个体特征分析

不法公职与非公职人员的个体特征分析可以从年龄、受教育水平、成长环境、所处部门或行业、政治或社会地位5个维度的指标进行分析，具体的统计结果如下所示。

1. 年龄特征

不法公职人员主要集中在49～59岁年龄群体，比例高达62.0%。平均年龄为52.74岁，其中有两个高峰点：50岁和59岁，比例分别为12.0%和10.0%。可见，公职人员腐败的"59现象"并没有消退，并且还伴有年轻化的趋势。

不法非公职人员则主要集中在39～44岁年富力强的群体，比例高达32.0%。平均年龄为44.14岁，其中40岁不法非公职人员最多，占据10.0%的比例。从这些数据可以看出：不法公职人员的年龄普遍高于不法非公职人员的年龄，这与两者的犯罪方式、结构和查处方式是密切相关的。

2. 受教育程度

从图7-2中可以看出，不法公职人员：高中及以下学历仅占7.0%，硕士及以上学历高达32.0%；而不法非公职人员高中及以下学历的人员接近80.0%，硕士及以上学历也仅有8.0%。显而易见，不法公职人员的受教育程度显著高于

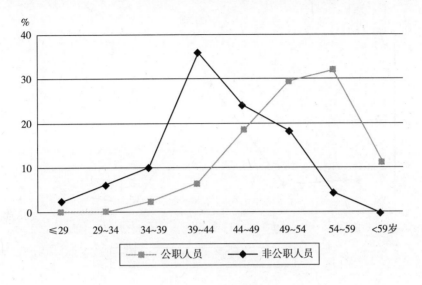

图7-1　年龄分布

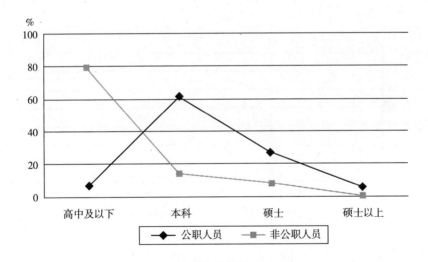

图7-2　受教育程度分布

不法非公职人员，公职人员的经济犯罪属于高智商犯罪，具有一定的智能型。

3. 成长环境

不法公职人员中有38.2%来自于农民家庭，仍有21.7%和20.5%成长于干部家庭和工薪家庭，整体的家庭成长环境分布较均匀；不法非公职人员多数成长于农民家庭，比例高达57.5%。不法非公职人员的成长环境没有不法公职人员成长环境优越。

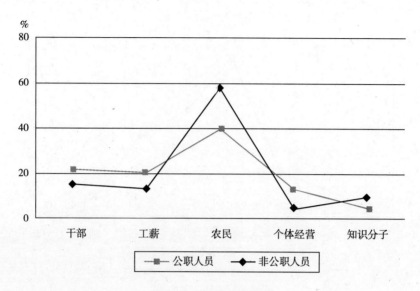

图7-3 成长环境分布

4. 案发部门或行业

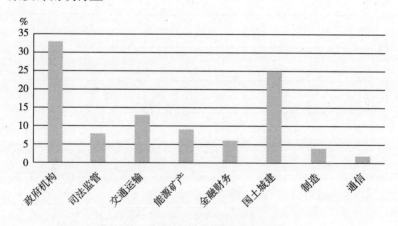

图7-4 公职人员案发部门分布

从公职人员的案发部门和非公职人员案发所处行业来看，公职人员和非公职人员的经济犯罪存在共同点：均在房产建设、交通运输领域具有较高的犯罪率；不同点是：不法非公职人员案发行业还高度集中在文体娱乐、金融以及能源与矿产资金流量大和涉及民生的行业，不法公职人员案发领域依然集中在传统的权力资源聚集的政府机构。

5. 政治、社会地位统计

公职人员的级别、非公职人员的政治参与和社会荣誉均可以在一定程度上

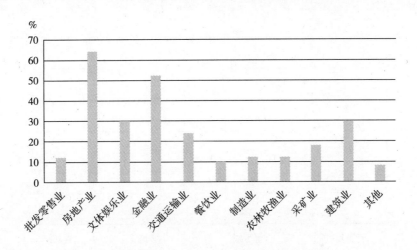

图 7-5　非公职人员案发行业分布

体现他们的政治和社会地位，因此，本部分的统计量从不法公职人员的级别和不法非公职人员政治参与和获得的社会荣誉来体现。统计结果显示：经济犯罪的公职人员和非公职人员普遍具有较高的社会地位。其中，超过90.0%的不法公职人员级别都处于县处级及以上，厅局级不法公职人员最多，比例高达52.0%；对于不法非公职人员而言，76.0%的不法非公职人员拥有不同名义的社会和政治地位，其中，人大代表占35.9%，政协委员占25.6%，其他社会荣誉占据比例高达51.3%。

7.1.2　不法公职与非公职人员的犯罪特征分析

犯罪类型、犯罪金额、潜伏期、官商勾结现象中涉案官员信息、资产处置方式可以体现不法人员的犯罪特征。因此，本部分从这几方面分析两者之间的经济犯罪特征差异。

1. 犯罪类型

贪污、受贿、挪用公款、巨额财产来源不明是近年来腐败官员的高发罪名。本书统计的不法公职人员前四种罪名依次为：受贿、巨额财产来源不明、贪污和挪用公款，占案例总数的98.0%。其中受贿罪比例最高，占据96.0%，以单独罪名被判刑的不法公职人员中单独受贿罪的比例就高达96.1%，可见，受贿罪已成为不法公职人员落马的首因。除受贿罪外，巨额财产来源不明罪总是伴随出现，在所有关联罪名案件中比例达25.9%。

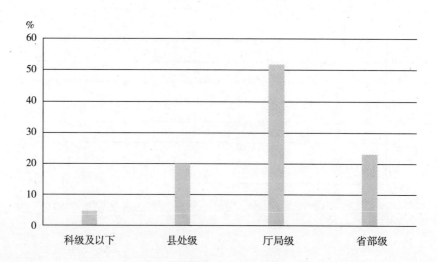

图 7 - 6　公职人员级别分布

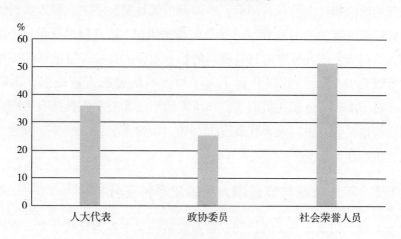

图 7 - 7　非公职人员社会地位分布

表 7 - 1　　　　　　　　　公职人员犯罪类型频次前四位

犯罪类型	总频次		单独出现频次		关联频次	
	绝对数	比例（%）	绝对数	比例（%）	绝对数	比例（%）
受贿	96	59.6	49	96.1	49	43.8
贪污	26	16.1	2	3.9	24	21.4
挪用公款	10	6.2	0	0	10	8.9
巨额财产来源不明	29	18.0	0	0	29	25.9
合计	161	100	51	100	112	100

表 7 - 2   非公职人员犯罪类型频次前六位

犯罪类型	总频次		单独出现频次		关联频次	
	绝对数	比例（%）	绝对数	比例（%）	绝对数	比例（%）
非法吸收公众存款	11	14.5	1	33.3	10	16.7
集资诈骗	15	23.8	0	0	15	25.0
挪用公款	8	12.7	0	0	8	13.3
抽逃出资	6	9.5	0	0	6	10.0
非法经营	12	19.1	2	63.7	10	16.7
组织、领导、参与黑社会组织	11	14.5	0	0	11	18.3
合计	63	100	3	100	60	100

非法吸收公众存款、集资诈骗、非法经营是他们的重点罪名。在 50 例有明确罪名的不法非公职人员案件中，共 56 类罪名。其中比例较高的前六种罪名依次为：集资诈骗罪、非法吸收公众存款罪、非法经营罪、挪用公款、抽逃出资、组织领导黑社会组织罪，占所有案例的 58.0%，从这些高发的罪名可以看出，不法非公职人员诚信缺失，经济犯罪具有一定的欺骗性，并且涉黑现象显著。

2. 案发领域

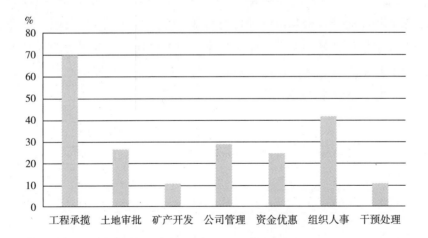

图 7 - 8   公职人员案发领域分布

工程承揽、组织人事、公司管理及转型、土地审批、资金优惠是公职人员"落马"高发领域，其中，工程承揽、房产建设比例最高、占 70.0%，组织人事42.0%，公司管理与转型 29.0%，土地审批 27.0%；非公职人员多"失足"于

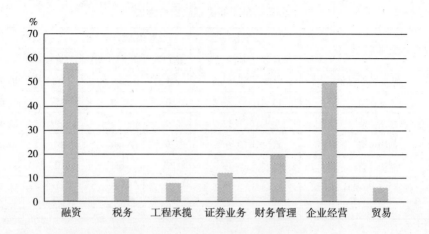

图7-9 非公职人员案发领域分布

融资、企业经营和财务管理三大方面，融资领域的犯罪比例高达58.0%，企业经营位列其次、占据比例50.0%，财务管理占20.0%。

3. 共犯情况统计

公职与非公职人员经济犯罪共犯情况统计如图7-10所示。根据图中统计结果显示，公职人员与利益关系人的共同犯罪和非公职人员与政府官员共同犯罪的情况最常见，占据比例分别高达93.0%、57.0%，体现出基于不正当利益输送关系而相互配合、相互包庇等行为特征；情妇、家属参与公职人员经济犯罪处于高发态势，显著高于非公职人员家人参与的比例，表明公职人员的特定关系人对其经济犯罪具有一定的影响；非公职人员经济犯罪中则是公司高管和团伙共同作案的情况多发，体现了公司的管制制度存在一定的问题。

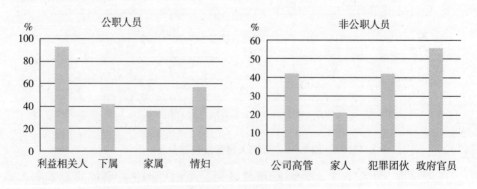

图7-10 共犯分布

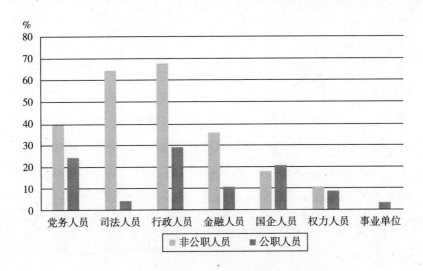

图 7 – 11　涉案官员分布

由于两者经济犯罪官商勾结的比例均较高，此处分析官商勾结中涉案官员类型统计，发现两者经济犯罪存在共同点：行政、党务工作人员涉案比例都较大，其中行政人员比重均最大，国企人员涉案比例相当；不同点是：不法非公职人员经济犯罪除了行政和党务人员外，司法和金融机构工作人员涉案的比率亦很突出，特别是司法人员的涉案比例竟高达 64.3%，显著高于不法公职人员经济犯罪中涉案的司法人员，这与在司法实践中一定程度上存在着有刑事司法非法介入经济纠纷和民事冲突，而非公职人员又常常是用金钱来处理问题有一定的联系。

4. 潜伏期

不法公职人员的平均潜伏期是 7.93 年，潜伏期在 5 ~ 8 年的不法公职人员比例最高，占据 40.0%；而不法非公职人员的平均潜伏期是 5.58 年，主要集中在 2 ~ 5 年，比例高达 50.0%。如图 7 – 12 所示，从峰度和偏度来看，不法公职人员的潜伏期都显著高于不法非公职人员。刘利利通过实证研究结果表明，潜伏期的长短与经济犯罪的隐蔽性具有一定的正相关关系，因此，可以说公职人员的经济犯罪比非公职人员更具隐蔽性。

5. 犯罪金额

由于犯罪金额较大且分散，因此采取分级形式进行统计，统计结果如图 7 – 13 所示。结论如下：犯罪金额小于或等于 5 000 万元的案例，不法公职人员占

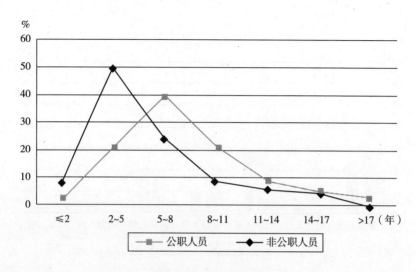

图 7 - 12　潜伏期分布

84.0%，高级别占 12.0%；犯罪金额高于 1 100 万元的案例，非公职人员高达 78.0%，不法公职人员占 6.0%。可见，不法非公职人员犯罪金额普遍较高，最小值 250 万元，最大值 1 100 万元，显著高于不法公职人员的犯罪金额，从平均金额来看，不法非公职人员是不法公职人员的 3 倍之多，不法公职人员犯罪金额普遍较低。

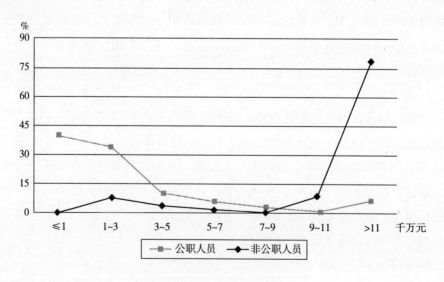

图 7 - 13　犯罪金额分布

6. 非法资产处置方式统计

公职与非公职人员非法资产处置方式分布图 7－14 中，存银行指不法公职与非公职人员以自己的名义将不法所得存入银行；投资指投资企业、房地产以及艺术品、古董等贵重物品的投资等；洗钱包括以他人名义存入银行、货币走私、利用挂名公司、地下钱庄等刑法第一百九十一条规定的洗钱行为；消费包括日常生活消费和购买奢侈品等奢侈性消费；出国指资助子女、家人出国现象；资本指将违法所得资产用于本企业的资本运作。

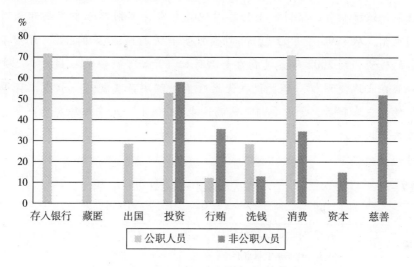

图 7－14　非法资产处置方式分布

公职人员非法资产处置方式主要集中在存入银行、藏匿、投资和消费方面，而非公职人员的主要非法资产处置方式为慈善、投资、行贿和消费；公职与非公职人员相同的不法资产处置方式的比例相差较大，其中洗钱和消费差异最大。仅消费比例公职人员高于非公职人员 37.4%；不法公职和非公职人员利用传统的洗钱方式处置非法资产的比例较小，但是使用投资方式转移非法所得的情况则普遍存在，而根据统计的案例信息可知，不法人员的投资行为主要集中在房地产、金融、娱乐等现金流量和资金需求大的行业，存在一定的洗钱嫌疑。

科学的研究从事实出发，通过搜集整理近年来公职与非公职人员经济犯罪典型案例，本章在案例数据统计的基础上，从年龄、受教育程度、成长环境、所处部门或行业、犯罪类型、犯罪金额、资产处置方式等多个角度对公职和非公职人员经济犯罪特征进行描述总结。

7.2　公职与非公职人员经济犯罪的影响因素分析

7.2.1　典型案例分析

1. 公职人员经济犯罪典型案例分析

【案例一】

许某，政绩显著，仅用 8 年的时间从县委宣传部副部长步步高升至市委常委、副市长。从1996 年开始兼任与外商投资有关的商业活动之后，开始了向官商角色的转变，到2002 年直接成为专职商人，开始了疯狂的权钱交易。先后为多家企业在土地使用权、享受税收优惠政策、解决亲属就业、承揽工程等事项上提供便利谋取利益，贪污受贿金额高达 1.98 亿元，几乎都与房地产有关。案情暴露后，检察机关发现其房产八套、大量名人字画、多位情妇。经调查，其犯罪过程大致如下。

表 7 - 3　　　　　　　　　　　公职人员案例一信息表

犯罪阶段	行为演变过程
第一阶段	看着老板们的财富迅速增长，心态变得不平衡，通过为亲属获得土地开发权后获利分红，走上暴富捷径。
第二阶段	尝到甜头后一发不可收，抱着侥幸的心理，利用手中管理权，在资本市场和企业经营中非法操作。随着手中权力越来越大，公然违规操作，与开发商周旋，换房换钱。
第三阶段	为了掩饰巨额收入、逃避监管，利用权力投资房地产，妻子戚某投大量资金在股票上，进行内幕交易，频频获利，同时购买大量贵重物品。

【案例二】

陈某，政绩、群众基础良好，但总不能获得提拔，于是思想发生了巨大变化，有了"换届捞一把"的想法，人生观、价值观蜕变扭曲，认为只有金钱才能给自己带来美好生活的保障。因此，为了给自己谋求安逸生活的后路，从2008～2009 年为他人在城建规划上谋取利益，仅两年时间就疯狂敛财2 000 余万元。为了掩饰自己的不法所得，将非法资产转交其弟帮其管理。其弟将交给自己保管的1 700 多万元巨额资金转存、投资股票、购买房屋、车库等。

表 7 - 4　　　　　　　　　　　　　**公职人员案例二信息表**

犯罪阶段	行为演变过程
第一阶段	屡次提拔无果，收入微薄、囊中羞涩，于是心里不平衡，便产生了"铤而走险，捞一把走人"的想法，从此对于"朋友"送钱送礼不再拒绝，小收少收。
第二阶段	无穷的贪欲让自己有了"适应大环境，随大溜挣钱"的想法，收起钱来就无所顾忌，无法自拔。
第三阶段	职位晋升后，敛财更加肆无忌惮，日均受贿一万多元。为规避监管，利用其弟帮忙收取贿金并理财。

2. 非公职人员经济犯罪典型案例分析

【案例一】

以赖昌星为首的厦门特大走私案是新中国成立以来查处的最大的一起经济犯罪案件，案值高达人民币 530 亿元，涉案人员 600 多人，整个案件中，官商勾结现象突出，涉案官员最高级别至公安部副部长，震惊中外。远华走私案进入法律程序后，拍卖的远华集团资产中大多数都是房产，具体包括：投资 2 亿元的远华国际大厦；计划投资 30 亿元已挖好地基筹建 88 层的远华国际中心；投资 1.3 亿元的远华影视城；投资 2.7 亿元的东卉花园和海韵山庄以及投资价值过亿元的多处高级别墅。自 2011 年该犯罪集团首要分子赖昌星被遣送回国至 2012 年 5 月被审判，该案件又一次走进公众视野。根据赖昌星案件的调查结果，可以将其犯罪过程总结如下。

表 7 - 5　　　　　　　　　　　　**非公职人员案例一信息表**

犯罪阶段	行为演变过程
第一阶段	生活贫困，偷渡到港走私获得原始财富累积，注册并利用远华国际有限公司专营芯片走私。
第二阶段	为了获取更多的资产，成立远华集团，利用重金、女色腐蚀官员及重要海关基层人员，在官员的特殊关照下，迅速扩张至其他物品的走私。
第三阶段	为了掩人耳目，涉足厦门石油、房地产、文娱业等实业投资；同时为笼络人心，沽名钓誉，进行慈善捐助，大搞"面子"工程，获得多项荣誉和政治资本，掩盖其黑色的犯罪事实。

【案例二】

陈明亮，重庆"打黑风暴"中落马的"最富红顶黑老大"。1997 年之后在重庆"二王"的关照下，与马当共同开办夜总会，从此开始组建黑社会团伙，贿赂政法高官为自己的"黑金帝国"寻求保护，逐渐建立"第二政府"，通过"黄赌毒枪"大量敛财，非法获利上亿元。与此同时，投资建起重庆年销售额5亿元的泰古三峡古玩城；在重庆某黄金地段，建成集高级公寓、写字楼以及大酒店为一体的世纪英皇大厦。通过查询该案件的资料，其犯罪过程具体分析可归结如下。

表7-6   非公职人员案例二信息表

犯罪阶段	行为演变过程
第一阶段	高中毕业后，子承父业，但不满生活现状，开饭馆、卖服装，同时倒卖香烟、走私钟表，获得人生第一桶金。
第二阶段	创办公司，累积大量资产，同时拉拢、腐蚀政府官员建立"第二政府"，逐步建立黑社会团伙组织，并通过色情、毒品、高利贷等活动猖狂敛财。
第三阶段	凭借"经济地位"，获得了渝中区人大代表的身份，通过政治权利"以红养黑、以红护黑"，并将大量非法资产投入到娱乐业和房地产业等行业中进行清洗，漂白不法所得。

3. 案例结果分析

（1）公职人员与非公职人员的经济犯罪均表现为一个循序渐进的过程。在犯罪的初始阶段，都是由于内心的不满引起的，为了满足基本的生活需求或提高生活水平而进行的。当实行了一段时间后，由于法律监管的不完善，强化了他们的侥幸心理，促使他们更加猖狂地选择违法行为获得预期收益。当财富积累到达一定程度后，为了逃避法律的监管和制裁，开始选择政治和商业转折，蒙蔽群众，掩盖自己的非法行为。

（2）公职与非公职人员的经济犯罪行为过程符合奥尔德弗 ERG 需要理论，每一阶段的行为都是为了满足不同类型的需要，从最初的生存需要、相互关系需要直至成长发展的需要，并且同时符合 ERG 理论的需要满足、加强、受挫的三大特征。基于此，我们可以总结出不法人员经济犯罪的动机主要由三个方面来解释：①当前需要未被满足，主要表现在提高基本的生活水平和质量，一旦尝到有利结果，达到预期效用，便会重复其犯罪行为；②基本需求得到满足后，为了满足更高层次的需要，重复并且增加其行为努力的程度；③在实现更高层级需求的过程中遇到挫折，就会回归低层次需要，同时为补偿自己的失利，变本加厉实施其犯罪行为，在公职人员的经济犯罪的初期，该动机尤其显著。

（3）不法人员经济犯罪的客体主要体现为金钱、物质等，这些可以不同程度地满足他们不同时期不同层级的需要。行为科学管理学派认为，人的任何行为都在动机的驱动下形成并指向一定目标，而动机则是需要在一定条件的刺激下产生，不同的需要在不同的条件下会诱发不同的动机和行为。根据以上典型案例的分析和行为科学理论，我们可以得出不法人员在经济犯罪行为产生过程：当某种需要未满足，或是由于外部环境的影响而产生了某种心理，刺激了更高层级需要的产生，诱发产生了某种可以达到或满足其需要的动机，当这种动机在社会大环境的影响和个人综合素质的强化和促进作用下，便会产生某一种或多种综合性的经济犯罪行为，不断满足自己的不同需求，期望达到最终目标。具体如图 7 - 15 所示。因此，为了更加全面地分析公职和非公职人员经济犯罪的影响因素，可以从宏观、中观和微观三个层次进行。

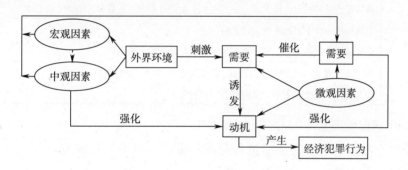

图 7 - 15　经济犯罪行为产生机理

7.2.2　公职与非公职人员经济犯罪的影响因素

1. 宏观影响因素

在借鉴以往研究学者对于公职人员腐败成因、民营企业家经济犯罪原因研究相关资料的基础上，对于影响公职和非公职人员经济犯罪的宏观因素的具体分类如表 7 - 7 所示。

表 7 - 7　　　　　　　　　　经济犯罪的宏观影响因素

	公职人员	非公职人员
历史因素	官僚主义、特权思想、行帮习性等封建社会意识形态的影响； 传统文化影响，中国有人情社会的深厚传统，关系网遍布，请托成风； 唯利是图、损人利己的极端个人主义及西方腐朽思想和生活方式的影响。	

续表

	公职人员	非公职人员
政治因素	干部选拔、任用制度漏洞较多；权力过于集中，缺乏有效的制约；领导职务变相终身制——家长制及裙带关系的泛滥。	民企的私有性质，导致了其经济活动往往受压制，尤其体现在政治资源的不公平性，不仅某些领域民营企业无权涉足，在某些方面民营企业还经常面临被"索、卡、拿、要"的尴尬局面。
	社会转型、经济转轨进程中，民主和法制不健全。	
社会因素	外界利益的极大诱惑；由于犯罪"黑数"大导致打击不力结果的消极示范作用；社会分配不公平，造成了投机盛行，贪贿成风，官商勾结。	
经济因素	政府干预经济的力度偏大。	生产过剩和通货膨胀，实业经营困难。
	市场经济条件下，经济意识的影响；市场经济体制不完善，贫富差距大，贫困是犯罪发生的动因。	
道德因素	五"观"扭曲（人生观、价值观、世界观、权力观、公仆观）；社会道德水准整体下降，贪腐观念习以为常。	

2. 中观影响因素

中观影响因素从个人层面进行分析，重点剖析个人的家庭背景、交往圈、工作情况三个方面。

（1）个人的家庭背景主要包含个人的成长环境和婚后的家庭环境。

个人的成长环境对一个人的人生观、价值观、世界观具有重要的影响。一些人因为从小生活的环境困苦，极易产生对权力的渴望和对金钱的崇拜；一些人在不健全的家庭环境下成长，性格不健全或产生其他不良嗜好；还有一些人是生活在"金钱至上"的家庭教育背景下，他们对那些所谓的"礼尚往来"，早已耳濡目染，极易产生贪腐。

婚后的家庭环境对不法人员的影响更加明显。根据近年来大量案例事实表明，公职与非公职人员经济犯罪过程中，家人共同参与的现象普遍存在，特别是不法公职人员的经济犯罪，情妇参与也是一大"特色"，参与比例竟高达57.0%。可见，家人参与对不法人员的经济犯罪具有重要影响。通过案例信息统计表明，家人参与经济犯罪主要通过三种形式：利用型、包庇型、合作型，利用型主要存在于公职人员经济犯罪过程中，包庇型、合作型同时存在公职与非公职人员经济犯罪过程中。

表 7 – 8　　　　　　　　　　　　　家庭环境的影响表现

家人参与类型	公职人员	非公职人员
利用型	家庭成员利用其影响力收受或索取财物，或是家庭成员的不恰当要求，导致或加速了一些干部掉进犯罪的泥潭。	
包庇型	家庭成员或纵容，或包庇，或容忍，没有适时阻止犯罪，强化犯罪人员的贪婪和侥幸心理，造成犯罪人员难以自拔，一错再错。	
合作性	家庭成员合作参与，与犯罪人员狼狈为奸，共同犯罪。	

（2）交往圈，往往对不法人员的犯罪行为产生很大的推动作用。从不法公职和非公职人员共同犯罪人员类型的统计结果，可以将不法人员的交往圈分为三种类型：利益型、人情型、帮派型，三种类型的交往圈在公职与非公职人员的经济犯罪过程中的具体表现如表 7 – 9 所示。

表 7 – 9　　　　　　　　　　　　　交往圈的影响表现

交友圈类型	公职人员	非公职人员
利益型	互相看中对方手中的"资源"，先以感情作为铺垫，进行长期投资。长此以往，双方便互相利用，产生"共赢"行为。	
人情型	公职或非公职人员往往会因为亲情、友情、人情等原因进行一些无法推辞的犯罪活动。	
帮派型	某些不法人员帮派思想严重，组织或网罗一些具有相似经历或兴趣爱好的人员组成小团体或组织，相互之间互相影响，很容易产生一些有组织性的犯罪或窝案。	

（3）工作情况的影响从工作背景和工作环境两个方面的影响进行分析。

a. 工作背景的影响

工作背景因素包含多个方面，年龄，受教育程度，公职人员的级别、公职类型以及所处部门，非公职人员所在行业等。它们都可以不同程度地反映一些经济犯罪情况。其中，年龄是衡量犯罪发案状况的重要参数，能够反映出某一特定时期腐败犯罪的特点，尤其是对于公职人员的腐败现象，例如，腐败犯罪中的"59 岁现象"、"39 岁现象"和"80 后现象"；受教育程度在一定程度上反映了经济犯罪的隐蔽程度；公职人员级别高低通常代表权力的大小，一切有权力的人都容易滥用权力而产生腐败；公职人员的类型不同表示拥有不同类型的权力，会产生不同类型的腐败现象；公职人员所处部门和非公职人员的行业划分，容易产生由于行业性权力和垄断性资源的差别而引起的行业腐败，例如目前高发的集资融资类犯罪和国土城建部门腐败现象。

表 7 – 10　　　　　　　　　　工作环境的影响表现

工作环境	公职人员	非公职人员
工资福利待遇	工资低于自己的心理账户值，或单位福利制度不完善，很容易产生心里不满或不平衡，为了追求更优质的生活和下一代的幸福，诱发犯罪。	
	官商勾结，获取不法收益	采取欺诈、走私、涉黑等形式获取收益
单位管理、风气	单位的管理直接影响权力或行为的受制约情况，若单位的制度、监督职能执行不力或形同虚设，为某些想要通过非法手段谋取利益的不法人员提供了机会。	
	单位风气败坏，领导干部违法乱纪，下属易模仿；同事之间相互影响，容易形成一种行为模式。两者相互作用，容易产生窝案和"前腐后继"现象。	财务制度不健全，会导致某些管理人员中饱私囊、牟取私利的现象而不易被察觉；监督制约机制缺乏，容易导致领导一手遮天、大权独揽，公司行为个人化的现象，产生抽逃出资、私用资金等违法行为。
晋升制度	不健全的晋升制度容易导致那些通过不法手段得到职位晋升的人员在得到职位后疯狂受贿，捞回"成本"，同时造成其他人员无法实现自己的职业发展，也行贿受贿，如此形成恶性循环，导致窝案、串案和行业性犯罪的产生。	

b. 工作环境的影响

根据赫兹伯格的双因素理论，工作环境的影响可以分为保健因素的影响和激励因素的影响。保健因素此处包含单位的管理状况、单位风气、工资及福利待遇，这些因素对经济犯罪具有一定的预防作用，如果保健因素不健全，行为人在利益的诱惑面前极易失去自我，渎职犯法；激励因素主要指自我实现的晋升制度，不健全的晋升常常会诱发不平衡心理和扭曲价值观的产生，诱发不法行为。

3. 微观影响因素

市场经济的发展引发经济意识，在不良环境的影响下，人们的贪欲被激发，金钱占有欲、享乐攀比欲空前膨胀，个人观念出现偏差，人生观、价值观、权力观发生变化，甚至产生扭曲，产生了一系列严重的经济犯罪现象。

金钱作为经济犯罪的主要标的物，它可以满足个人在不同的发展阶段具有不同的需要。当人们有了某种需求且并未得到满足，就会处于一种不安和紧张的状态之中，在外界条件的刺激下便会形成做某件事情的动机。动机产生之后，人们就会寻找各种方式满足这些需求的目标，一旦确定目标，便会将这种动机付诸行动，就会进行满足需要的活动，即行为产生。

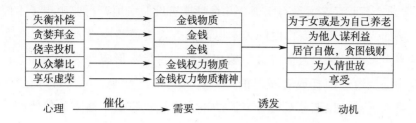

图 7-16（Ⅰ） 公职人员心理诱发犯罪动机过程

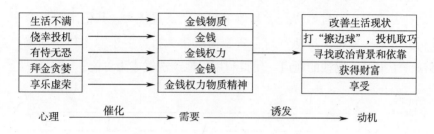

图 7-16（Ⅱ） 非公职人员心理诱发犯罪动机过程

7.3 公职与非公职人员房地产洗钱行为对比分析

随着在金融部门洗钱可能被发现的风险增大，房地产行业逐渐成为洗钱犯罪分子"觊觎之地"，不法分子转而通过投资房地产行业来清洗犯罪收益的可能性越来越大。

中新网公布自2000年以来省部级高官贪腐案半数涉房地产。房地产业早已成为部分腐败高官的"洗钱天堂"，仅从房产数量上来看，涉案腐败官员所拥有的房产少则七八套，多则四五十套。以民营企业家为主要代表的非公职人员逃税、涉黑、非法集资等上游犯罪产生的洗钱活动也越来越猖狂，他们在获得大量的"灰黑"资产后，大量投资房地产行业。据本书统计不法非公职人员案例显示，超过60%的不法非公职人员在房地产行业的开发、装修及买卖过程中涉嫌洗钱犯罪。

7.3.1 房地产行业洗钱风险分析

1. 灰色资产混入房地产开发阶段常态化

亚太城市发展研究会房地产分会秘书长杨超指出"灰色正在吞噬中国楼

市"，房地产行业存在大量不明资金并且暗撑房价使房地产行业出现了不健康的现象。例如，一些开发商将民间资本以高息方式绕道暗中进入楼市；或者是部分人用来历不正当的"灰色资金"购房置业，将货币形态变为实物形态；或者个人巨额资金通过信托或者私募的形式进入房地产行业，不仅可以合理避税，而且正是因为信托和私募对资金来源的审查宽松也降低了被查处的风险。这些都是"灰色资本"在地产业的流向路径。

国家统计局数据显示，目前，我国房地产行业资金主要来源于图 7 - 17 所示的四种方式，其中自筹资金、其他来源资金比重较大，其他来源资金中定金及预付款占重要地位。房地产行业资金需求量大，资金来源主体不明确，必然为不法分子提供了洗钱的通道，使得利用房地产洗钱成为可能。

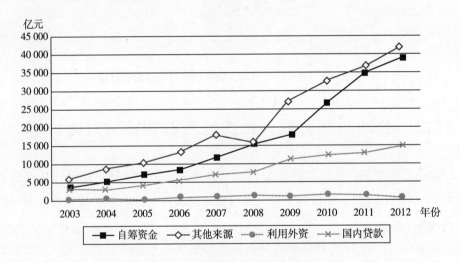

图 7 - 17　房地产行业资金来源分布

2. 房地产买卖过程中异常交易现象普遍化

房地产业在多大程度上成为洗钱渠道，目前尚无结果，但利用房地产洗钱已成为房地产业公开的秘密。根据中国人民银行西安分行《房地产业反洗钱现状调查问卷》结果显示，我国房地产行业从业人员对反洗钱认知度非常低，仅有 55.66% 的被调查者表示其单位要求收集更多的客户信息，并且都不是因为反洗钱的需要而去了解客户。在房地产异常交易行为中，"突然变更买受人、按揭提前还款、大额现金支付"比例均超过 60%。2013 年 1 月，中纪委通报"反腐败斗争工作的新动向"称，自 2012 年 11 月中旬以来，全国各地出现了一大批抛售豪华住宅、别墅等现象，更改物业业主的情况数以百倍上升。而根据住房和城乡建设部、监察部统计，在抛售豪华住宅、别墅的住户中，超过60%都是匿名、假名和以公司的名义进行的。由此可以看出，在我国的房地产交易中，均存在不同程度的洗钱嫌疑。

表 7 – 11   房地产异常交易现象统计

序号	异常交易行为	该异常交易行为被此次调查查处的比率
1	购房手续办理过程中，客户突然要求变更买受人姓名	67.92%
2	按揭购房户，突然提出提前偿还剩余房款	66.98%
3	直接以50万元以上现金支付房款	61.32%
4	不关注房产质量、物业等，大致了解直接购房	49.06%
5	一次性以同一身份购买三套（包含）以上房产	43.40%
6	通过他人账户支付房款，不能合理解释付款人和买受人关系	43.40%
7	购买房产后无合理理由强烈要求全款退房的	33.02%
8	持他人证件购房，不能合理解释购房者与证件人关系	31.13%
9	持有假身份证购房	16.04%

7.3.2 房地产行业不同环节洗钱过程分析

1. 房地产开发环节洗钱行为

房地产开发环节的洗钱行为主要通过两种形式进行：

（1）建立房地产企业进行洗钱，这是房地产开发环节最常见的洗钱现象。不法人员自建或利用相关利益者名义建立房地产企业，在房地产企业的日常经营过程中将非法资产源源不断地注入企业清洗资产，不仅清洗了"灰色"资产，而且在企业经营的过程中有一定的增值。同时，因为有了下游资产处理的渠道，会诱发和刺激不法人员更加疯狂地进行敛财活动。

（2）通过与房地产企业合作的形式进行洗钱。近年来，随着国家有关房地产政策的不断变化，一系列调控政策例如限购、限贷等逐步出台，直接导致房地产开发商的资金来源受到一定的限制，因此，他们急需获得资金支持。这就为不法资金的洗白提供了渠道。一方面，由于开发商缺少资金而不法人员拥有大量非法资产急需隐藏、掩饰或清洗，洗钱者可以与开发商通过合伙、入股或借款的形式进行合作，在满足双方的不同需求的同时清洗资金；另一方面，某些开发商为了获取项目和开发资金，会与政府官员或特定机构的工作人员勾结，为了回报相关人员以入股、暗股、干股等形式进行贿赂，达到贿赂与洗钱的同步完成。

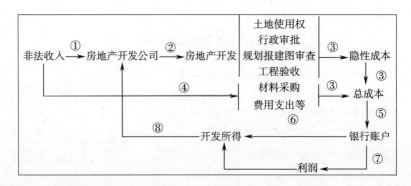

注：①资金注入（自营或委托代理）；②非正当竞争投资（贿赂收买）；③总和计入；④正常的开发投资；⑤分步计入总收入；⑥减去洗钱风险成本分批汇入；⑦会计计算所得比例的利润；⑧再次投入资金（资金已成合法，有可能发生）。

图 7－18　房地产开发环节非法资产的清洗流程

2. 房地产交易过程中的洗钱行为分析

（1）房地产炒作的洗钱行为分析

不法分子主要通过直接或委托代理人购买有潜力和炒作空间的街道或商业街商铺的手法，将黑钱输入房地产行业中，再通过如广告、活动、特色品牌的炒作来刺激这一地区发展，从而在升值后加以估价出售或租赁，这样既可以随时变现，又可以通过实物来进行非法的交易，逃避反洗钱的监督和有关部门的追查。同时这种现象也是造成我国楼市居高不下的原因之一。

（2）房地产个人买卖的洗钱行为分析

该洗钱方式不仅可以在国内进行，也可以跨国实行，时空跨度大，涉及对象亦比较广泛，包含单位、个人（家庭成员、亲属、利益相关人等），难以监管，是目前不法公职人员洗钱的常用手段。单位购房者利用伪造文件、证明，私人购房者借助伪造身份证或假借他人名义，或采取分期付款、提前还款的方式，经常采用经纪人购买的形式，将非法资产用于购买房产、商铺或投入到其他房地产经济活动中，待时机成熟，进行转租或再出售，顺利漂白并成功转移。常用手段和具体的资金清洗过程如图7－20所示。

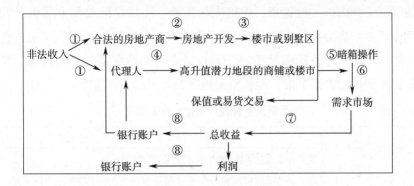

注：①资金注入；②投资；③多手段进入（直接投资、间接投资）；④现金购入；⑤统筹计划；
⑥广告策划、暗箱操作、静等其升值等；⑦变现；⑧多次分批汇入。

图 7 – 19　房地产炒作环节的非法资金清洗流程

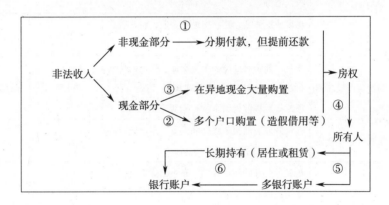

注：①银行卡划转；②假借多个户头（伪造或借用他人）；③委托中间人；④集中存放；⑤变现；
⑥分批出售。

图 7 – 20　房地产买卖过程中的非法资金清洗流程

7.3.3　公职与非公职人员房地产行业洗钱行为对比及原因分析

为了避免监督和检查，不法人员可能会在上游经济犯罪的同时将不法资产
清洗，也可能在获得大量的非法资产后逐步分解进行合法化。本书根据刘朝阳
对腐败洗钱的分类标准（同步式洗钱模式和衔接式洗钱模式）对公职人员与非
公职人员在房地产行业的洗钱行为进行分析和总结。

1. 公职与非公职人员房地产行业洗钱的主要表现

（1）公职人员在房地产行业洗钱的主要表现

欧阳卫民曾指出，近年来，中国大陆房地产市场已经成为贪污分子洗黑钱首选目标，每年数千亿元人民币的洗钱规模中，通过房地产将黑钱洗白的数量不在少数。可见，随着我国对不法公职人员进行的持续高压反腐态势，洗钱成为掩盖不法所得的主要手段，而投资房地产是洗钱的常用方法。

表7-12　　　　　　　　　　公职人员房地产洗钱的主要表现

模式	方式	犯罪过程	洗钱载体	所有权归属
衔接式	投资房地产企业	腐败分子先把非法所得转入自己亲信的账户内，利用已有的房地产公司（利益相关企业）进行秘密合股	股权	亲属、本人
		利用亲信、心腹成立房地产公司，自己幕后操纵，在正当经营的掩护下将不法所得逐步投入清洗	企业	亲属
		离职或退休后，建立房地产企业，将在职获取的非法资产投入"洗白"	企业	本人
	购置房产或商铺	为自己和亲属办理多个身份证，在不同地域（发达城市或境外）全款或按揭（按揭后一段时间后提前付清全款）购买多个房产	房产	亲属、本人
同步式	投资房地产企业	违法开发商回报不法公职人员一定比例的房地产企业的干股，供其获利	股权	本人
	"购置"房产、商铺	借各种公开的住房补贴、高额的住房公积金缴纳比例等，谋求房产	房产	亲属
		房产不登记在自己或亲属名下，以低成本"租借"利益相关者的房产、商铺进行再"出租"获利	房产、商铺、租金	亲属
		与开发商合谋，"低买高卖"房产进行洗钱	房产	本人

（2）非公职人员在房地产行业洗钱的主要表现

非公职人员通过偷漏税、非法经营等违法活动获取非法资产后，为了避免监管和检察部门的查处，往往建立自己的房地产企业，虚报会计报表，将违法资金源源不断地注入企业经营过程中进行清洗；或投入到利益相关人员的企业；甚至将不法资产转化为境外投资或境内专业机构资金等形式，随后再进入其房地产投资领域。

表 7 – 13　　　　　　　　　　非公职人员房地产洗钱的主要表现

模式	方式	行为路径	洗钱载体	所有权归属
衔接式	投资房地产企业	自建房地产企业，虚报会计报表，将违法资金源源不断地注入清洗	自建企业	本人
		利用其他利益相关企业将不法资产投入自己企业中利用虚假投资清洗	利益、自建企业	本人、利益相关者
		通过地下钱庄将不法资产转化为境外投资直接进入房地产建设各个阶段洗钱	地下钱庄、企业	本人
		利用境内专业机构（民间借贷、高利贷，各类的地产融资理财产品、地产信托产品、房地产私募基金）将不法资产投入到其房地产领域	专业机构、房产行业	本人
同步式	房地产炒作	大肆做广告媒体宣传，恶意抬高房地产价格，提高房地产收益率	广告媒体	本人

2. 公职与非公职人员房地产行业洗钱的特征

房地产行业洗钱资金量大、投资回报高、中间环节多，并且洗钱渠道众多、转移资金迅速，能迅速将不法现金资产转化为固定资产投资，容易逃脱法律制裁。除以上共同特点之外，公职与非公职人员利用房地产洗钱还存在较大差异，根据表 7 – 12 和表 7 – 13，我们可以总结得出公职与非公职人员在房地产行业洗钱的特征。

（1）公职人员房地产洗钱主要载体是房产，并且均可以在短时间内完成洗钱

首先，公职人员属于社会公众人物，被关注的对象多，因此他们迫切希望在短时间内将非法资产转移或隐藏，降低被查处概率；其次，大多会在房地产行业洗钱的公职人员都位高权重，容易利用关系获得审批或多个身份信息，购买多套房产；最后，由于掌握一定的审批和决定权，必会有很多开发商主动上门提供能在房地产行业洗钱的机会。

（2）公职人员房地产洗钱多借用他人名义，方式多样，过程复杂，具有较强的隐蔽性

公职人员利用职务便利，容易使用虚假信息或借用他人名义用现金多地甚至境外购买多处房产，并且可以降低被查处的风险；或者直接收受房地产企业

不记名干股或秘密合股等手段洗钱。总之，作案手段多样，作案过程复杂，具有一定的时空跨度，隐蔽性较强。

（3）非公职人员房地产洗钱主要载体是通过第三方机构或企业，洗钱额度大

由于国家重视并鼓励民营企业的发展，并且在注册企业过程中的审查制度不够完善，导致非公职人员愿意建立房地产企业，不仅提高社会地位，满足虚荣心，又便于自行洗钱；其次，为了能将不法资金源源不断地输入企业，常常会通过第三方机构、空壳公司或利益相关者企业进行，可以进行大额资金的转移。

（4）房地产行业洗钱，非公职人员比公职人员更具有欺骗性

在利用房地产行业洗钱的过程中，非公职人员拥有虚报会计报表、注册多个空壳公司甚至利用媒体造势恶意抬高房产价格等手段。并且大量案例表明，多数不法非公职人员具有一定的政治地位，政治地位在为其取得了相当的经济效益的同时，也可以成为他们掩盖不法行为的"保护伞"。

3. 公职与非公职人员差异的房地产洗钱行为原因分析

不法人员将非法资产投入房地产行业进行洗白的过程中，必然会有成本的付出和收益的回报，最后为其带来效用的增加。因此说，洗钱行为类似于消费者的购买行为。洗钱作为一种特殊的商品购买活动，除了要付出相应的货币成本之外，时间成本也是一项重要的影响因素。

（1）理性经济人在时间成本约束下的消费行为

为了简化分析过程，根据以上公职与非公职人员的房地产洗钱特征，假设房地产洗钱量是商品的价格，为了便于分析，将房地产洗钱行为分为两种商品，T 型商品和 M 型商品：T 型商品指房地产洗钱过程中时间成本所占比重较大、短时间内进行的房地产洗钱行为；M 型商品指在房地产洗钱过程中货币成本所占比重较大，能较大程度地清洗大量非法资金的房地产洗钱行为，数量分别为 X_1、X_2。根据黄友等的研究成果，在理性经济人效用最大化的条件下，双重预算约束下的消费者的充分预算约束是消费的充分成本必须等于消费者的充分收入，在其他条件不变的情况下，消费者的最优选择是应该是如图 7 - 21 所示的 X_0 点（X_{01}、X_{02}）。（M、M_1 货币成本预算线，T、T_1 为时间成本预算线，E 为充分预算线，L 为无差异曲线，X_0 点为充分预算约束下最大效用的商品组合。）

（2）有限理性下公职与非公职人员在时间成本约束下的房地产洗钱行为

现实情况下，不法人员在洗钱的过程中，除了要考虑时间和货币的因素外，还强烈地受到主观效用的影响，主观效用除了包含对商品客观效用的主观评价之外，还包括对行为风险的评估和风险偏好的态度等。有限理性的消费者不能保证得到全局最优，也不会将所有的预算完全消费，则是会选择最优解的很好的次优解。因此，我们可以得出公职与非公职人员在不同的效用目标引导下的房地产洗钱行为。

公职人员作为政府官员，在进行非法资产处理的过程中，考虑的因素较多，不仅要保障资金安全转移，还要考虑自身的安全。因此，对于公职人员而言，最注重安全效用，时间成本在其洗钱过程中有重要作用，能在短时间内将非法资产清洗是保障安全效用的有效途径。非公职人员则不然，他们更注重收益最大化，货币成本直接影响收益，他们在洗钱过程中尽可能地减少财富流失，更多选择较多的 M 商品，能最大限度洗钱的方式。如图 7 - 21 中，由于各种因素限制，不能达到理想情况下的最优解，假设不法人员通过降低最优效用，以 L_1 为例，在充分预算约束下，当达到同样大小的效用时，公职人员的次优解为 X_T（X_{T1}，X_{T2}），非公职人员的次优解为 X_M（X_{M1}，X_{M2}），由此，引起 $X_{T1} > X_{01} > X_{T2}$，$X_{M2} > X_{M0} > X_{M1}$。

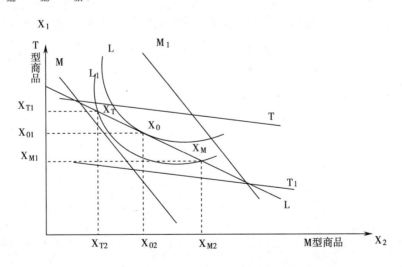

图 7 - 21　时间成本约束的消费模型

综上所述，由于公职与非公职人员所处环境、社会地位等不同，具有不同的效用目标。在有限理性条件下，公职人员会选择能在短时间内选取较多 T 商品进行房地产洗钱；而非公职人员则注重财富的增加，收益最大化是其主要的主观效用，因此，会选择能较大程度清洗大量非法资金的房地产洗钱行为，选择更多的 M 商品。

洗钱活动逐渐从金融机构向社会其他机构蔓延，房地产行业已成为洗钱的高发地。在分析了房地产洗钱风险和开发、交易两环节的主要洗钱手段及相应的非法资产流向之后，对不法公职人员和非公职人员的洗钱行为对比以及原因分析，结果显示：腐败的公职人员注重安全效用，常常通过在短时间内利用他人名义的房地产交易活动洗钱，具有较强的隐蔽性；非公职人员则注重收益最大化的效用，主要通过将非法资金注入企业经营，虚假报账，具有较强的欺骗性。

第8章 时间压力下不同风险偏好
不法公职人员洗钱路径选择

在中国政府持续高压反腐的态势下，不法公职人员通过上游经济犯罪获得非法资产，必然会通过多种方式进行转移、掩盖或粉饰，以便使非法所得合法化。多数研究者从成本、洗钱量等视角对公职人员洗钱路径选择进行了研究，很少有从不法公职人员风险偏好或时间约束视角来探究洗钱路径选择。风险和时间是影响公职人员洗钱路径选择的重要因素，分析时间约束条件下不同风险偏好的不法公职人员在洗钱路径选择时的差异性，将能更好地为政府开展反洗钱工作提供更科学有效的策略。

8.1 相关研究

公职人员洗钱现象日益增多，与此同时，洗钱方式也不断演进，以他人名义存入银行、开设公司、购买商品房、投资房地产，通过地下钱庄、对外贸易，有的甚至在境外开设公司，为其犯罪所得披上合法的外衣。伴随着社会经济生活的日益发展，公职人员的洗钱方式日趋隐蔽，犯罪的智慧化程度也越加高明。

许多学者和组织对公职人员洗钱路径进行了研究和分析。薛耀文（2006）依据行为金融学理论和复杂网络理论，提出了有成本约束下的、以效用最大化为条件下的智能节点洗钱路径的两种计算方法，分别考虑了洗钱转账次数和转账的可能性；杨冬梅（2006）从经济人最大化经济利益的角度出发，依据金融网络中资金转移路径的转移成本和转移时间两个指标，构建了金融网络中洗钱资金异常转移路径的经济成本模型，分离出资金转移的合理路径集合和异常路径集合；李建增（2007）指出犯罪分子及相关人员为使非法所得合法化，往往会通过"转换"、"转让"、"隐瞒"、"掩饰"等处置行为改变赃款赃物的存在状况、表现形式乃至法律性质，切断赃款赃物与违法犯罪事实间的联系，以逃避打击和追缴。

有学者还基于风险偏好及时间压力分析其对决策的影响，在教育领域的研究中，Mingat 和 Eicher 认为风险偏好是影响学生选择不同专业的重要因素，个人风险偏好可以用于解释理工专业人才短缺和人文类人才过剩现象。在发达资本市场中，Bean 和 Mody 等人研究发现，风险偏好状态对于全球金融市场有着重要作用。同样在洗钱路径选择中，洗钱者在资金转移过程中除了追求经济成本最小，还需要考虑可能受到洗钱罪查处的或有风险损失。刘晓娜（2010）从公职人员上游犯罪的角度出发，通过风险偏好分析，得出公职人员最低洗钱金额。Zakay（2001）认为在制定决策的过程中，时间分配的合理性会对个体决策的满意度产生巨大的影响。Rieskamp（2008）也发现，人们选择策略的变化依赖于时间压力的大小。对于不法公职人员来讲，一旦被举报，尤其是在有案底的情况下，时间较短的洗钱路径往往成为其转移不法所得的首要路径选择。为了迅速转移非法资产，一些不法公职人员往往不惜代价，愿意花巨额手续费，将钱通过地下钱庄、黑社会等方式转移出去。曾任漯河市委书记、时任河南省政府设在香港的预港公司董事长程三昌，在短时间内通过各种途径将 1 000 多万元资金全部转移到国外。也有一些不法公职人员在接受调查前、接受调查后、立案前、立案后快速失踪，导致人去财流的现象时常发生。涉嫌受贿 5 000 多万元的贵州省交通厅厅长卢万里，得知有关部门在调查他后，随即失踪；广州花都区政协主席王雁威曾通过区政协办公室转达到区委办公室请假治病，后不见踪影。

目前涉及不法公职人员风险偏好或时间选择的研究较少，亦很少有人研究不同风险偏好下有时间压力的不法公职人员在做洗钱决策时的差异性。本书通过分析不同公职人员的自身特点以及洗钱路径，意在找出不同风险偏好和时间压力对不法公职人员洗钱路径选择的影响，希望在防范重点领域以及侦测方法方面为相关执法机构决策提供支持。

8.2 公职人员风险偏好分析

8.2.1 典型案例分析

【案例一】丛福奎，历任市委副书记、市长、市委书记、副省长。1997 年，由于没有实现当河北省省长的梦想，变得意志消沉，通过帮助他人审批项目、承揽工程、解决贷款、拆借资金等，大肆索要、收受钱物。由于索贿金额巨大，丛福奎想到了开办公司洗钱。1998年，在丛福奎的一手操办下，殷凤军、殷凤珍兄妹俩在北京成立了龙吟公司，利用空壳公司边捞边洗，借助虚拟交易，再以公司经营所得的名义将犯罪收入向税务当局申报纳税，赃款纳税后变成完全公开的正当收入。

表8-1　　　　　　　　　　　　　案例一信息表

基本信息	洗钱金额	年龄	级别	洗钱时间
	936万元	61岁	省部级	3年
上游犯罪	贪污受贿犯罪			
洗钱方式	利用空壳公司、利用银行账户			
犯罪心理	吃亏补偿心理、权钱交易心理			

【案例二】2001年至2008年间，原重庆市巫山县交通局局长晏某利用职务之便，先后收受贿款多达2 226万余元。晏某将其中收受的2 165万余元交由其妻付某保管，而付某明知该款项是由晏某受贿所得，为了掩饰、隐瞒财产的来源和性质，付某先后以本人和他人的名义，购置了7处房产，并将剩余部分资金存入银行资金账户以及用于购买理财产品，还有部分现金借给他人及存放在空房之内。在这起洗钱案件中，采用的洗钱方式为购置房产、存入银行、购买理财产品、购买保险、购买股票型基金等。

表8-2　　　　　　　　　　　　　案例二信息表

基本信息	洗钱金额	年龄	级别	洗钱时间
	2 226万元	45岁	县处级	7年
上游犯罪	贪污受贿犯罪			
洗钱方式	利用本人及亲属账户存款、利用本人及亲属名义购房、投资理财			
犯罪心理	互相攀比心理、贪图虚荣心理、投机赌博心理以及权钱交易心理			

【案例三】陈光礼在2002年10月至2009年2月任四川省某县县委书记、某市副市长期间，利用职务便利，为他人谋取利益，先后收受贿赂共计人民币2 222万余元。为了掩人耳目，他将大部分受贿所得交给了其弟陈光明保管，陈光明先后从陈光礼处接收其受贿赃款共计人民币1 700余万元，并通过提供银行账户、转账、投资现金流较大行业、入股、现金分散存款等方式洗钱。

表 8-3 案例三信息表

基本信息	洗钱金额	年龄	级别	洗钱时间
	2 222 万元	45 岁	厅局级	2 年
上游犯罪	贪污受贿犯罪			
洗钱方式	提供银行账户、转账、投资现金流较大行业、入股、通过现金分散存款洗钱			
犯罪心理	自相矛盾心理、钱权交易心理			

【案例四】中国银行广东开平支行前行长许超凡与其两位继任者余振东、许国俊等人利用职权，在九年内贪污挪用公款4.83亿美元，是中共建政以来最大的监守自盗案。被盗资金通过洗钱被转入许超凡等人在香港和加拿大的个人账户。其洗钱流程如下：许犯将贪污挪用款项以投资的名义投入开平涤纶集团新建厂，再利用公司间资金往来的方式经该厂的银行账户转账至许犯设立并控制的香港潭江实业有限公司，进而通过香港潭江实业有限公司将资金以公司经营所得的形式转至香港或海外的其他账户。

表 8-4 案例四信息表

基本信息	洗钱金额	年龄	级别	洗钱时间
	4.83 亿美元	40 岁左右	科级	7 年
上游犯罪	贪污、挪用公款犯罪			
洗钱方式	利用银行汇款出境、通过地下钱庄调汇出境、自办境内外公司、通过国际贸易和股票洗钱			
犯罪心理	心存侥幸心理、投机赌博心理			

通过上述案例分析，可以看出影响不法公职人员洗钱路径选择的因素有很多。对于不法公职人员来说，由于年龄、级别、敛财总额等因素的不同，对洗钱风险、洗钱时间、洗钱成本、洗钱量等目标也有着不同的选择顺序，可能会选择在最短的时间内完成洗钱，或者以最小风险完成洗钱，又或者用最小的成本完成洗钱等。

相较于其他洗钱人员，公职人员的职务便利性使他们洗钱方式更具多样性，还可以为其掩饰洗钱行为提供更好的隐蔽条件。由于不法公职人员在洗钱时需要承担一个重要的风险成本，即一旦洗钱和其上游的敛财行为被发现，公职人员的个人形象和仕途将会受到影响，连带整个家庭的正常生活也会受到影响，这将会对公职人员造成更加巨大的打击。因此，很多公职人员在洗钱方式选择上会考虑风险因素。

8.2.2　不法公职人员洗钱犯罪心理分析

不法公职人员在不同阶段的洗钱犯罪过程中有着不同的心理活动，其犯罪心理轨迹在很大程度上受其自身的社会经历和个性特点的影响。不法公职人员在上游犯罪阶段的心理活动类型主要包括：贪图虚荣、心存侥幸、自相矛盾、吃亏补偿、权钱交易、投机赌博、迂回逃避、相互攀比。而到资产转移阶段，由于公职人员的洗钱方式或路径众多，但因其要达到的最终目标不同，则愿意承担的风险或成本不同，此时公职人员表现出的心理状态也不相同。本书认为公职人员要达到的最终目标可能为：成本最小化、收益最大化、风险最小化、效用最大化等。

在不同的目标选择下，公职人员的心理表现出以下几种症状：精神压抑症、胜利恐惧症、骄傲跋扈症以及奢侈症。精神压抑症下的公职人员，由于惧怕洗钱风险，会尽可能使风险最小化；胜利恐惧症下的公职人员，在经历过几次成功洗钱后，对收益有了一定的要求，但在洗钱过程中其心理状态表现为忐忑不安，洗钱风险仍是其考虑的主要因素，即希望在一定洗钱量下达到风险最小；骄傲跋扈症下的公职人员，多次洗钱经历已经使其对洗钱风险不再厌恶，效用最大化才是其洗钱路径选择过程中考虑的主要目标；而奢侈症下的公职人员，其洗钱状态已经到达巅峰，风险已经不是其考虑的主要因素，只要能达到最大洗钱量，无所谓任何风险。

不法公职人员洗钱犯罪的心理活动经历了从首次洗钱时的忐忑，到几次洗钱后心理恐慌消失、内心麻木，再到多次洗钱后的内心恐惧感全无、贪欲不断增加，最后对洗钱量的追求逐渐提高乃至疯狂的过程。因此，按其先后发展可分为潜伏期、前驱期、症状明显期和结局期。潜伏期心理通常表现为犯罪个体对洗钱方式选择的疑惑，在这一时期，犯罪个体多是风险规避者；在前驱期，公职人员对洗钱方式有了一定的认识，心态趋于坦然，但这一时期，多数犯罪个体依旧偏向风险规避；进入症状明显期后，犯罪个体的犯罪意图趋于明显，不再厌恶洗钱风险，在这一时期，犯罪个体多是风险中性者；最后处于结局期的犯罪个体则达到疯狂状态，开始不在乎洗钱风险，在这一时期，犯罪个体多是风险偏好者。

8.2.3　不同洗钱犯罪心理下洗钱风险偏好差异分析

对于多数公职人员来讲，风险偏好并非一成不变，在不同的心理阶段有着不同的风险偏好，通过对公职人员洗钱犯罪心理分析，可以将不法公职人员在洗钱阶段的心理过程与风险偏好之间的影响关系表示为如图 8 − 1 所示：

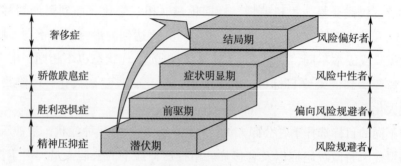

图 8 − 1　不同洗钱犯罪心理下的风险偏好

8.3　不同洗钱方式的特征对比

在具体的公职人员洗钱案例中，洗钱者运用的洗钱方式多种多样，错综复杂，但在不同的情况下对于不同风险偏好的官员会选择不同的洗钱方式。表 8 − 5 是不同洗钱方式对洗钱时间和风险的对比。

表 8 − 5　　　　　　　　　**不同洗钱方式特征对比**

洗钱方式	内容	因素	
		时间	风险
地下钱庄	"地下钱庄"的资金运作模式是明暗两条线的资金运作模式，即人民币与外币的兑换和划转是在境内、境外分别进行的。	服务专业，时间很短，最快结汇时间有时只需 2 小时。	非法经营活动较为隐蔽，但是无法掌握其具体信息，风险很高。
利用银行账户	不法公职人员通过银行进行循环操作，将自己的显性账户以及显性资产通过银行转化为隐性账户或隐性资产。	单笔时间短。	规避《金融机构大额交易和可疑交易报告管理办法》，频繁大额转账，风险较高。

洗钱方式	内容	因素	
		时间	风险
投资现金流较大行业	不法公职人员选择那些现金流量大、收入高的现金密集行业（如宾馆、酒吧、餐馆、金银首饰店、超市等）作为"掩体"。利用"掩体"来进行洗钱。	单笔洗钱时间较短，但前期时间较长。	由与洗钱者关系密切的人来经营，隐蔽性很强，风险低。
空壳公司	只存在于纸上的公司，不参与实际的商业活动，仅作为资金或有价证券流通的管道。不法公职人员通过虚拟贸易，伪造经营业绩，谎报收入，将犯罪收入混入其中进行洗钱。	途径程序繁杂，需要时间长。	由于信息掌控、关联分析以及案件查处都不容易，风险一般。
房地产	无论是开发还是买售，都需要大量的资金，其支持现金交易，客户身份隐蔽，而且具有较强的保值增值潜力，因此对于不法公职人员手中的大额现金以及显性房产来说，房地产成为洗钱的首选渠道。	房屋买卖程序比较繁杂，需要 2~3 个月。	以他人名义投资买卖房产，支持现金交易，客户身份隐蔽，风险较低。
国际贸易	通过虚构的交易事实使不法公职人员及其相关人对所转移的资产享有表面上合法的财产权利的行为。由于贸易洗钱比银行账户洗钱更隐蔽，因而对于不法公职人员来说更有诱惑力。	程序比较复杂，需要时间较长。	贸易流量巨大，使单个交易变得不明显，隐蔽性较强，甄别的难度较大，风险较低。

从表 8-5 可以看出，每种洗钱方式特征各不相同，由于不同的公职人员对时间和风险偏好要求不同，因此其对洗钱方式的选择也不一样。

8.4　不同风险偏好的公职人员洗钱路径选择

不同风险偏好下的公职人员洗钱路径各不相同，通过分析可以看出，影响公职人员风险偏好的诸多因素有年龄、级别、敛财总额以及心理过程等。当这些因素不同或者发生变化时，公职人员风险偏好就可能不同，从而公职人员的洗钱路径选择就会发生改变。不同风险偏好的公职人员路径选择正符合社会福利函数的几种类型。

8.4.1　风险规避型公职人员洗钱路径选择

风险规避型的不法公职人员进行洗钱路径选择时，常常不愿意冒太大的风险去洗钱，由于对洗钱方式选择的疑惑，要承受巨大的心理压力，因此，他们会选择比较安全、隐秘的多种洗钱方式分别进行洗钱，即便有一种途径失败，只要不被查处，还有别的途径可以弥补。可以用函数的形式表示为

$$W = \sum \pi_i U_i \tag{8.1}$$

其中，U_i 表示所有洗钱方式中的某种洗钱方式 i 具有的效用，π_i 表示相应的概率。上式表示的是把所有洗钱方式的效用简单加总，任何洗钱方式的效用都被平等对待，其中，U_i 是可以用具体数字 1、2、3 等来度量的基数效用。如图 8-2 所示。此时，任何一种洗钱方式都是独立的，无论哪一种洗钱方式失败或不执行都不会影响最终洗钱的成败。

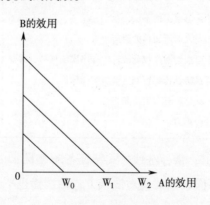

图 8-2　风险规避型洗钱路径无差异曲线族

8.4.2　风险偏好型公职人员洗钱路径选择

对于风险偏好型的不法公职人员来说，风险不是其洗钱路径选择过程中考虑的最主要因素，而成本或洗钱量才是其考虑的重要因素。在面对巨大的不法资产时，公职人员表现出居官自傲、贪婪、奢侈、肆无忌惮等心态，因此，他们设计的洗钱路径是利用多种洗钱方式尽可能地达到最大洗钱量，但此路径被查处的概率要相对高一些，此时多种洗钱方式同时进行，只要有一种洗钱方式失败，则全部失败。可以用函数的形式表示为

$$W = U_1 \times U_2 \times \cdots \times U_i \qquad (8.2)$$

其中，U_i 表示所有洗钱方式中的某种洗钱方式 i 具有的效用。式 8.2 表示的是所有洗钱方式效用水平的乘积。如图 8 - 3 所示。此时，任何一种洗钱方式都是紧密相关的，当某一种洗钱方式失败，即效用为 0 时，整体也为 0，即在整个洗钱路径中，只要其中某种洗钱方式失败，则全部失败，风险相对较高。

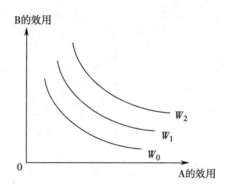

图 8 - 3　风险偏好型洗钱路径无差异曲线族

8.4.3　风险中性型公职人员洗钱路径选择

风险中性型的不法公职人员表现出不厌恶风险的态度，对洗钱量和成本等因素的选择也偏向中立，对影响因素没有偏好，不会花过高的成本来避免风险，也不会通过过高风险的洗钱方式使洗钱量达到最大，此时洗钱者除了谨慎、避责心理，骄傲跋扈、贪婪心理也逐渐显现。因此，他们会设计分别进行以及同时进行洗钱的混合型洗钱路径，如果其中一种洗钱途径失败，则可能产生两种结果，一种是可以用别的洗钱途径弥补，另一种是全部失败。可以用函数的形

式表示为

$$W = \alpha \sum \pi_i U_i + (1 - \alpha) U_{i+1} \times U_{i+2} \times \cdots \times U_j \qquad (8.3)$$

其中，U_i、U_j 分别表示所有洗钱方式中的某种洗钱方式 i、j 具有的效用，α 表示相应的概率，且 $\alpha \in (0,1)$。

公式（8.3）表示的是加法型函数和乘法型函数并存的混合型函数。此时，独立的洗钱途径与同时进行的洗钱途径各占一定比例，当 α 趋向于 0 时，公职人员偏向于风险偏好型；而 α 趋向于 1 时，公职人员偏向于风险规避型。如图 8-4 所示。现实生活中不法公职人员多是属于混合型的，风险相对较小且洗钱量较大，混合型更能够满足公职人员的洗钱期望。

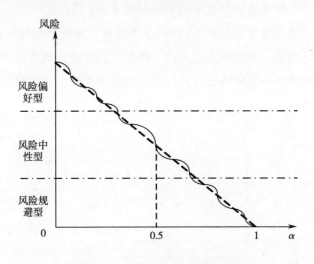

图 8-4 α 波动下的风险偏好选择

8.5 时间约束条件下不同风险偏好的公职人员洗钱路径选择

不法公职人员进行洗钱犯罪不仅要考虑风险偏好，往往还会考虑时间因素。对于一些被举报，尤其是有案底的公职人员来说，时间较短的洗钱路径往往成为其转移不法所得的首要路径选择。为了迅速转移非法资产，往往不惜任何代价，愿意花巨额手续费，将资金通过地下钱庄、国际贸易等方式转移出去。也有一些公职人员会把洗钱的时间保持在一定范围内，因为其认为如果洗钱时间过长期望效用会较低，因此这类型的公职人员会在一定的规划时间内进行洗钱。因此，可以将不法公职人员对洗钱时间的选择分为以下三类：有时间压力、有规划的时间以及无所谓时间。

通过以下案例对不法公职人员在时间约束条件下的洗钱路径进行分析。某不法公职人员通过上游经济犯罪获得非法资产，需要通过各种手段掩盖其犯罪行为，使非法所得合法化。见图8-5为此不法公职人员可选择的洗钱路径，图中各弧旁数字为该公职人员进行洗钱时在各条洗钱路线上被有关部门查处的风险，风险用概率表示 $\in (0,1)$。

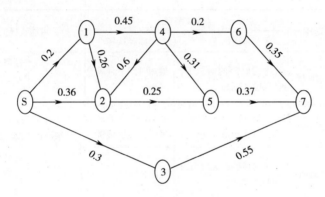

图8-5 洗钱路径网络图

其中，S表示某不法公职人员非法所得7 000万元；1表示投入饭店；2表示购买房产；3表示空壳公司；4表示地下钱庄；5表示购买轿车；6表示对外贸易；7表示存入银行。图中的每条路线都是独立的，且同一时间只能完成一条路线，每条路线上除去成本后的最终洗钱量（单位为万元）和时间（单位为日）如表8-6所示。

表8-6 每条洗钱路线上最终洗钱量

路线	S→1	S→2	S→3	1→2	1→4	2→4	2→5	3→7	4→5	4→6	5→7	6→7
洗钱量	396	620	738	200	462	938	37	80	64	959	43	38
时间	15	100	400	90	0.42	0.2	30	0.13	42	120	0.1	0.09

在该案例中，对于不同目标选择的不法公职人员有着不同的洗钱路径选择，他们可能选择的第一目标有：在最短的时间内完成洗钱；以最小风险完成洗钱；最大限度地得到洗白。不同目标选择下的洗钱路径如表8-7所示。

表 8 – 7   不同目标选择下的洗钱路径

不同目标	洗钱路径	时间（日）	风险	洗钱量（万元）
风险最小	S→1→2→4→6→7	225.29	0.0022	2 531
时间最短	S→1→4→5→7	57.52	0.0103	965
洗钱量最大	S→2→4→6→7	220.29	0.0151	2 555

通过以上案例对不同时间选择下风险偏好型、风险中性型以及风险规避型公职人员洗钱路径进行分析，如表 8 – 8 所示。

表 8 – 8   不同时间选择及风险偏好下的洗钱路径

风险偏好	时间选择	洗钱路径 考虑因素	洗钱路径 路径选择	可能选择的洗钱方式
风险规避	有时间压力	在考虑时间的前提下，使风险达到最小	最短时间下且风险最小	投资现金流较大行业、房地产、存入银行
风险规避	有规划时间	在规划时间内使风险最小，且达到最大洗钱量	时间约束下的最小风险最大洗钱量	各种组合分别进行　投资现金流较大行业、房地产
风险规避	无所谓时间	只考虑风险，无所谓时间和洗钱量	风险最小	对外贸易、房地产、投资现金流较大行业、空壳公司
风险偏好	有时间压力	只考虑时间因素，无所谓任何风险以及洗钱量	时间最短	地下钱庄、存入银行、投资现金流较大行业
风险偏好	有规划时间	在规划的时间内达到最大洗钱量，无所谓风险	最短时间下洗钱量最大	各种组合同时进行　地下钱庄、投资现金流较大行业、房地产
风险偏好	无所谓时间	只考虑最大洗钱量，无所谓时间和风险	洗钱量最大	地下钱庄、对外贸易、房地产等
风险中性	有时间压力	最先考虑时间因素，对风险和洗钱量没有特别要求	在最短时间下且风险适中	对外贸易、房地产、投资现金流较大行业、存入银行
风险中性	有规划时间	在规划的时间内达到最大洗钱量，且风险不是太大	时间约束下洗钱量最大且风险适中	各种组合分别进行和同时进行的混合型　对外贸易、房地产、投资现金流较大行业
风险中性	无所谓时间	在一定的风险下达到最大洗钱量，无所谓时间	在一定风险条件下洗钱量最大	对外贸易、房地产、投资现金流较大行业、空壳公司、地下钱庄

第9章 以家庭为单元的公职人员经济犯罪监测研究

9.1 基于总体异常特征的公职人员经济犯罪监测

9.1.1 经济犯罪公职人员总体异常分析

1. 典型案例剖析

【案例一】 崔某及其家庭受贿后异常特征

江苏省原民航局局长、南京禄口国际机场总经理崔某（正厅级）被判处有期徒刑十六年。案发时，司法机关从崔某和其几个子女的家中共抄出国库券22张、银行存单86张、现金14 000元，总计281.7万元，还有金银首饰、红木家具、貂皮大衣等贵重物品。按照当时的生活水平，案发时崔某一家已跨入暴富阶层。崔某在受贿、索贿后，其家庭及其本人异常表现如表9-1所示：

表9-1 崔某及其家庭异常特征

特征＼主体	崔某	家庭
账户特征		其子女在银行有巨额存款，其中银行存单共86张，国库券22张。
消费特征	进口超标豪华型"凌志"轿车；劳力士金表；名牌西服；是高档消费、娱乐场所的常客。	高级营养品不断；家人名牌服装、金银首饰许多件；家中红木家具以及各种工艺品、日用品、电器等琳琅满目。
生活、交际特征	同王某等商业人士交往密切；同徐某等人保持不正当男女关系。	

特征　　　　主体	崔某	家庭
职业特征		大女儿为禄口机场客运公司副经理；二女儿为省局通讯处科长；小儿子为航空食品公司经理；未过门的小女婿为民航货运公司科长；其他亲属在机场也均有一官半职。

【案例二】 江某受贿后本人及其家庭异常特征

2009 年，有着"LV"女王之称的江某以犯受贿罪、滥用职权罪、巨额财产来源不明罪被判处无期徒刑。案发时，办案人员在其家中发现劳力士、欧米茄等名牌手表 48 块，LV 等品牌手提包 253 个、金银首饰 600 多件以及高级名牌服饰 1 246 套，其中包括 MaxMara、路易威登、米雪等国际知名品牌，总计 400 多万元。江某在受贿后，其家庭及其本人异常特征如表 9 - 2 所示：

表 9 - 2　　　　　　　　　　江某及其家庭异常特征

特征　　　　主体	江某	家庭
心理特征	从开始的胆战心惊到后来心安理得，认为开发商从自己这里得到了巨大好处，自己拿点也是应该的。	
消费特征	欧米茄手表 6 块；路易威登手提包 14 个；项链 159 条，最贵一条价值 29 800 元；手链 40 条，最贵一条价值 3 万元；戒指 26 枚，最贵一枚价值 6 万元。	2005 年其女儿去加拿大留学花费 64 万元；家中共有房产两处，其中 138 平方米的房子一套，别墅一栋。
生活、交际特征	同房地产开发商交往密切，开发商经常陪其逛街。	

【案例三】 陈某受贿后本人及其家庭异常特征

启幕于 2006 年的上海社保风暴，涉及上海政要、国有企业高级管理人员、民营企业富豪近 30 人。2008 年 4 月 11 日，作为上海社保案中级别最高的涉案人陈某以犯受贿罪、滥用职权罪，被判处有期徒刑十八年，没收个人财产三十万元。陈某及其家人在陈某经济犯罪中得到了巨大利益，异常特征如表 9 - 3 所示：

表 9 – 3 陈某及其家庭异常特征

特征＼主体	陈某	家庭
账户特征		陈某儿子持有某银行的高额度信用卡
心理特征	2003 年周正毅"东八块"东窗事发，陈某紧张得"天天晚上睡不着觉"。	
消费特征		陈某妻子和儿子享受某公司提供的旅游费高达 34.2 万元；某公司为陈某父亲更换住房，新旧住房差价约 93 万元。
生活、交际特征	从 1991 年开始，陈某先后与两名女子长期保持不正当关系。	
职业特征		陈某妻子不实际工作却获取薪酬；陈某儿子在上海某足球俱乐部挂名副总经理，不实际工作，却获取薪酬。

【案例四】 孙某经济犯罪后本人及其家庭异常特征

山西"房媳"事件发展到后来，其矛头直指"房媳"张某的公公——原运城市财政局局长孙某。孙某被举报有十几套房产，在担任财政局局长期间利用职务便利和工作上的影响力为其家人安排工作，其家族被戏称为"官员家族"。其儿子更涉嫌长期吸毒，儿媳被爆有多个户口。有知情人举报称，其家中放置着金铸佛像、关公像等，衣橱中更是有 LV、GUCCI 等奢侈品牌服饰许多件。孙某及其家庭异常特征见表 9 – 4：

表 9 – 4 孙某及其家庭异常特征

特征＼主体	孙某	家庭
账户特征		在某公司的资产负债表中出现孙某儿子与其妻张彦的收款和付款记录，数字达到百万元。孙某亲家退休普工职工张某在银行的交易记录中有过单次上千万元的转账记录。
消费特征	孙某有多套住房，家中摆件豪华，名牌手表和服饰许多件。	

续表

特征＼主体	孙某	家庭
生活、交际特征		孙某儿子作为运城市公安局局长曾因吸毒被抓，并曾被运城市纪委严重警告并调离局长岗位。
职业特征	利用职务便利改动自己档案，涉嫌学历、履历造假。	孙某儿子违规录警，其儿子、儿媳、女儿等家人都在政府部门任领导职位。

【案例五】　罗某经济犯罪后本人及其家庭异常特征

2013 年 7 月，罗某因巨额财产来源不明罪和受贿罪被判处死缓。其在任职期间利用职务便利多次在资金使用、工程建设和干部提拔中为他人谋取利益。有消息称，案发时办案人员在罗某的办公室和家中仅现金就搜出近 1 000 万元，还有名贵字画近百幅，劳力士手表十多块，以及罗某和其他女性的大量合影照片，其中包括女公务员若干名。另外，罗某同企业相关人员关系密切，在罗某被调查期间，甚至有企业老板闻讯后逃到境外。另外有消息指出，罗某的子女早已移居澳门、澳大利亚等地，早已在当地置业，并且其妹妹、妹夫、妻弟分别在茂南区劳动局、茂名市刑警支队、信宜市检察院、茂名市中级法院、茂名市财政局等部门担任要职。罗某及其家庭异常特征见表 9 - 5：

表 9 - 5　　　　　　　　　　　罗某及其家庭异常特征

特征＼主体	陈某	家庭
账户特征		罗某通过其亲戚走账转移资金。
消费特征	名贵字画近百幅，劳力士手表十几块。	罗某子女早已移居澳门、澳大利亚等地，早已在当地置业。
生活、交际特征	与多名女性保持不正当关系，与企业相关人员关系密切。	
职业特征		罗某妹妹、妹夫、妻弟分别在茂南区劳动局、茂名市刑警支队、信宜市检察院、茂名市中级法院、茂名市财政局等部门担任要职。

2. 经济犯罪公职人员总体异常特征

由于不法收入的存在，有经济犯罪的公职人员无论是心理还是生活上都存在有别于正常公职人员的诸多不同。因此，有经济犯罪公职人员的总体异常特征指的是公职人员在工作、生活、心理、收入以及待人处事等方面存在的不同于正常公职人员的特征。根据典型案例剖析，按照异常行为能否直接观察得到，其异常特征可分为隐性特征和显性特征。

（1）隐性特征

隐性特征是指无法直接观察得到，但是借助一定的手段可以发现的公职人员异常特征，如公职人员银行账户上的特征，心理上的特征等。

● 银行账户异常特征

账户异常特征指的是，有经济犯罪的公职人员通过银行账户获得或转移非法所得，从而其资金流量表现出不同于正常公职人员的特征。这些特征需要借助银行反洗钱监测手段发现，具体包括以下异常：

①公职人员及其家人的银行账户在某段时间内，其资金流入量突然增大且次数较多；

②公职人员及其家人的银行账户在某段时间内，存在同其工作性质和所处行业无关的资金流入且次数较多；

③有向境外转移财产的行为；

④持有同其收入不匹配的高信用额度的信用卡；

⑤其他涉嫌洗钱的资金异常流动。

● 心理异常特征

心理特征指的是，公职人员在实施经济犯罪的过程中所表现出的不同于正常公职人员的心理活动。按照其处于经济犯罪实施过程的不同阶段，可分为：经济犯罪实施前的心理特征、实施中的心理特征和实施后的心理特征。经济犯罪实施前的心理特征又称为公职人员实施经济犯罪的心理动因，包括贪婪、不平衡、从众、侥幸等心理。本书中异常特征主要指的是公职人员经济犯罪后的心理特征，即心理学中的罪后心理，包括：

①听闻其他人案发的消息后，情绪紧张不安，害怕案发后受到法律的严惩，更害怕犯罪行为被揭露出来，给其辛苦建立起来的名誉、地位以及家庭带来严重危害；

②侥幸心理，认为自己犯罪过程很隐秘不会被查处，甚至觉得反腐败就是隔墙丢石头，打到谁谁倒霉；

③自我安慰心理，认为自己犯罪金额小，或是自认为有"保护伞"，即使被查出来也不会有太大的问题；

④满足的心理，经济犯罪公职人员每一次作案成功都会有一种满足的喜悦，这种满足包含有两层含义：一是对得到的财物感到满足，从而对奢侈、高档的消费方式表现出更多的关注；二是一种优于别人的一种上位者的满足，如别人即使有钱也得求我办事的心理。

（2）显性特征

显性特征是指经济犯罪公职人员的异常行为特征通过外在表现就可以直接观察得到的特征，包括公职人员在消费上的特征，待人处事上的特征以及工作上的异常特征等。

• 消费上的异常特征

公职人员经济犯罪的根本动机之一就是满足日益膨胀的物质需求。大量事实表明，由贪图享乐、生活腐化到以权谋私、钱权交易，然后利用不法所得继续享乐几乎是所有腐败贪官走过的堕落轨迹。因此，有经济犯罪的公职人员及其家庭必然在消费方面表现出不同于正常公职人员家庭的异常特征，主要体现为：

①消费品牌化，即公职人员及其家庭的消费不但追求高质量，而且还要求其是国内甚至是国际品牌，以彰显其较高的社会地位；

②奢侈性消费常态化，由于取得不法所得付出的劳动成本小，获得较简单，因此，某些奢侈性消费对于有经济犯罪的公职人员及其家人来说就成为常态化的普通消费；

③公职人员或其家人经常出入高档酒店、娱乐场所和高级会馆；

④公职人员或其家人有经常性的国外消费，或是公职人员配偶、子女常驻国外；

⑤从事与本人实际收入不相符的大额投资活动。

• 待人处世上的异常特征

公职人员待人处世的方式以及生活方式在很大程度上影响着公职人员的廉洁性，其中交际圈对公职人员待人处世的方式和生活方式的形成有着重要影响。

有研究表明，人情观念、关系网的建立对公职人员是否受贿有重要影响。许多受贿公职人员面对行贿人员的"盛情"，往往碍于情面，难以推却，最后变成"礼尚往来"。因此，经济犯罪的公职人员在待人处世上必然存在着不同于正常公职人员的异常特征，表现为：

①个人生活不严谨，经常有家不归，在外留宿，家庭关系紧张，尤其是夫妻关系紧张；

②社会交往比较复杂，经常出于非工作关系与行业相关企业工作人员来往且关系密切；

③交际圈里多为富豪大款。

- 工作上的异常特征

由于害怕被检察机关查处，经济犯罪的公职人员在工作中会表现出同正常的公职人员不同的关注焦点，如对反腐败查处的关注。同时，由于不法资产的存在，经济犯罪公职人员家人在工作中也会表现出异常特征，具体包括：

①公职人员经常利用工作关系打听纪检工作情况；

②公职人员家人亲属的就业单位均为国有企业或是事业单位；

③公职人员家人存在"吃空饷"现象。

9.1.2　公职人员经济犯罪监测指标

1. 公职人员经济犯罪监测指标的选取

通过构建监测指标，借助一定的量化方法能够从数量角度对公职人员经济犯罪的可能性大小做出判断，从而有针对性地对公职人员经济犯罪进行监测，有利于监测效率的提高。本文基于异常特征分析，从消费特征、社交特征、工作特征和账户特征四个方面构建公职人员经济犯罪监测的指标体系，其中，消费特征指标包括基础性消费、奢侈性消费和发展性消费三个二级指标；社交特征指标包括家庭生活特征和社会交往特征两个二级指标；工作特征指标包括个人工作特征和家人工作特征两个二级指标；账户特征包括收入账户特征和支出账户特征两个二级指标，其结构如图 9-1 所示。

本书结合案例分析和专家的意见，借助于层次分析方法对监测指标的权重进行计算，结果见表 9-6。

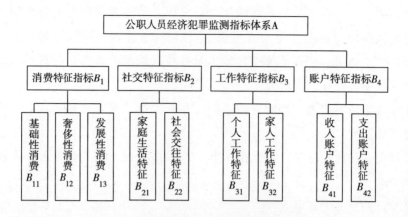

图 9 – 1　公职人员经济犯罪监测指标体系

表 9 – 6　　　　　　　　　　公职人员经济犯罪监测指标权重

一级指标	权重 w_i	二级指标	权重 w_{ij}
消费特征指标 B_1	0.564	基础性消费 B_{11}	0.072
		发展性消费 B_{12}	0.279
		奢侈性消费 B_{13}	0.649
社交特征指标 B_2	0.263	家庭生活特征 B_{21}	0.750
		社会交往特征 B_{22}	0.250
工作特征指标 B_3	0.118	个人工作特征 B_{31}	0.250
		家人工作特征 B_{32}	0.750
账户特征指标 B_4	0.055	收入账户特征 B_{41}	0.333
		支出账户特征 B_{42}	0.667

2. 公职人员经济犯罪监测指标说明

根据专家意见和公职人员的异常表现，本书对不同的异常表现赋予不同的分值，结合权重对公职人员异常程度进行计算，各分值赋予标准如下：

• 消费特征指标二级指标赋值标准

（1）基础性消费：公职人员家庭的日常消费品多为国内著名品牌商品，赋予可疑分值 6 分；公职人员家庭的日常生活消费品多为国际品牌商品，赋予可疑分值 15 分。

（2）奢侈性消费：①公职人员家庭拥有房产 2 处及以下，赋予 2 分的可疑分值；公职人员家庭拥有房产 3 ~ 4 处，赋予 10 分的可疑分值；公职人员家庭拥有房产 5 处及以上，赋予 15 分的可疑分值。②公职人员家庭拥有轿车 2 辆及以下，赋予可疑分值 2 分；公职人员家庭拥有轿车 3～4 辆，赋予可疑分值 7 分；公职人员家庭拥有轿车 5 辆及以上或是拥有奔驰等豪华轿车，赋予可疑分值 13 分。③公职人员及其家人拥有小件奢侈品 5 件及以下，赋予可疑分值 2 分；公职人员及其家人拥有小件奢侈品 6～10 件，赋予可疑分值 7 分；公职人员及其家人拥有小件奢侈品 10 件以上，赋予可疑分值 10 分。

（3）发展性消费：①公职人员配偶一年有 3 个月及以下在国外居住，赋予可疑分值 2 分；公职人员配偶一年有 4～6 个月在国外居住，赋予可疑分值 4 分；公职人员配偶一年有 7 个月及以上在国外居住，赋予可疑分值 6 分；公职人员配偶加入外国国籍，赋予 15 分的可疑分值。②公职人员子女在国外接受教育，赋予可疑分值 2 分；公职人员子女加入外国国籍，赋予可疑分值 15 分。③公职人员及其家人一年中非因工作关系出境 3 次及以下，赋予可疑分值 2 分；3～5 次，赋予可疑分值 5 分；6 次及以上，赋予可疑分值 15 分。

- 社交特征指标二级指标赋值标准

（1）家庭生活：①公职人员家庭关系紧张，尤其是夫妻关系紧张，赋予可疑分值 2 分；②公职人员经常出于非工作关系在外留宿，一个月之内，四天及以下在外留宿，赋予可疑分值 2 分；5～10 天，赋予可疑分值 4 分；11 天以上赋予可疑分值 10 分。③公职人员包养"情人"，赋予可疑分值 15 分。

（2）社会交往：公职人员经常出于非工作关系与行业相关企业工作人员来往且关系密切，赋予可疑分值 6 分；公职人员或其家人的交际圈里多为富豪大款，赋予可疑分值 2 分；公职人员或其家人存在赌博等违法活动，赋予可疑分值 15 分。

- 工作特征指标二级指标赋值标准

（1）个人工作：公职人员经常利用个人及其家人工作便利打听纪检工作情况，赋予可疑分值 9 分；公职人员在工作中独断专行，赋予可疑分值 2 分；公职人员工作领域为相关研究人员统计的高腐败领域，赋予可疑分值 15 分。

（2）家人工作：公职人员家人的就业单位均为事业单位、国有企业或政府部门，赋予可疑分值 6 分；公职人员家人存在"吃空饷"现象，赋予可疑分值 15 分。

- 账户特征指标二级指标赋值标准

（1）收入账户：公职人员及其家人账户中存在同本人工作单位无关的资金流入，赋予可疑分值 4 分；公职人员及其家人账户中存在资金流入突然增大的情形且次数在月均 3 次以上，赋予可疑分值 9 分；公职人员及其家人银行账户中存在违反反洗钱规定的资金流入，赋予可疑分值15分。

（2）支出账户：公职人员及其家人账户中存在经常性的海外汇款或支出，赋予可疑分值7分；公职人员家人持有同其收入不相符的大额度信用卡，赋予可疑分值9分；公职人员及其家人银行账户中存在违反反洗钱规定的资金流出，赋予可疑分值15分。

根据上述设计思路，本文构建的公职人员经济犯罪监测指标体系中最大可疑分值为32.713分，表示存在经济犯罪的可能性最高；最小为5.225分，表示存在经济犯罪的可能性最小。

9.1.3 公职人员经济犯罪监测指标的应用

为验证该监测指标体系在现实中运用的可行性，本书从最近报道的公职人员经济犯罪案例中随机抽取了三个进行了实证分析。案例资料及监测结果分析如下：

【案例一】广东东莞人大原副主任欧某在任职期间同陈某等商人关系密切，利用职权在土地转让、工程建设、人事安排、房地产开发等领域进行钱权交易，收受贿赂折合人民币近3 000万元。案发时工作人员从其家中发现满酒柜的世界顶级名酒以及虫草、燕窝等补品，并发现逾千万元的现金。在案件调查过程中，工作人员发现除了在香港九龙买楼安家，在欧某妻子名下的房产就有10套，共计8 000多平方米。欧某还以他人的名义，分别购买了两套别墅，其中一套面积840多平方米，折合市场价约2 600万元。并且其妻子早已移居香港，女儿也在香港读书，其本人常年在境外生活，为了方便打高尔夫球，欧某在长安高尔夫球会会所租用了一间套房，作为长期住所，并同喻某保持不正当关系，经常开豪车、着名牌出入公共场合。

结合案例资料，对应各监测指标，欧某经济犯罪可疑分值如表9-7所示：

表9-7 欧某经济犯罪可疑分值

一级指标	权重	二级指标					
		基础性消费		发展性消费		奢侈性消费	
		权重	分值	权重	分值	权重	分值
消费特征	0.564	0.072	15	0.279	32	0.649	38
		家庭生活特征				社会交往特征	
		权重	分值			权重	分值
社交特征	0.263	0.750	25			0.250	6

续表

一级指标	权重	二级指标			
工作特征	0.118	个人工作特征		家人工作特征	
		权重	分值	权重	分值
		0.250	15	0.750	6
账户特征	0.055	支出账户特征			
		权重		分值	
		0.667		7	

【案例二】2009 年，原茂名市委常委、常务副市长杨某涉嫌受贿罪、巨额财产来源不明罪一案在广州市中级人民法院公开开庭审理。据调查，杨某在担任常务副市长期间，利用职务便利在职位升迁、土地审批等环节，为黄某、柯某等人提供便利，疯狂敛财。办案人员在杨某藏匿的两个保险箱内共发现存折60 多本，每笔存款几乎都达百万元之巨，对外借款债权约 2 500 万元，还有现金、高档手表、金银首饰等多件。其经常穿着名牌，带着金表，开着豪车，领黄某、刘某等情妇出入高级酒店、会所等地，挥金如土，出手阔绰。有消息指出，杨某在茂名、广州、珠海购入房产 14 套，并在茂名和深圳购地自建房屋两套，用于出售或出租。另外，杨某还利用其大舅帮助其洗钱，其堂哥帮助其放高利贷"以赃生钱"，其利率高达百分之三十。

结合案例资料，对应各监测指标，杨某经济犯罪可疑分值如表 9－8 所示：

表 9－8　　　　　　　　　　杨某经济犯罪可疑分值

一级指标	权重	二级指标					
消费特征	0.564	基础性消费		发展性消费		奢侈性消费	
		权重	分值	权重	分值	权重	分值
		0.072	15	0.279	6	0.649	38
社交特征	0.263	家庭生活特征			社会交往特征		
		权重		分值	权重		分值
		0.750		25	0.250		8
工作特征	0.118	个人工作特征			家人工作特征		
		权重		分值	权重		分值
		0.250		15	0.750		6
账户特征	0.055	支出账户特征					
		权重			分值		
		0.667			15		

【案例三】原解放军总后勤部副部长谷某在其任职期间，利用职务便利，通过假招标等方式高价采购其弟开办工厂的军用产品，并且在军队土地开发中采用回扣的方式大肆敛财。媒体报道称，2013年在谷某老家的地下室内发现了数百箱军用专供茅台，还有寓意"一帆风顺"的大金船，寓意"金玉满盆"的金脸盆，以及纯金毛泽东像等各种赃物，整整装了四大车。另外，谷某在黄金地段还拥有数十套房，每套面积都在170平方米左右，在老家还建有装修奢华的将军府。

结合案例资料，对应各监测指标，谷某经济犯罪可疑分值如表9-9所示。

表9-9 谷某经济犯罪可疑分值

一级指标	权重	二级指标					
消费特征	0.564	基础性消费		发展性消费		奢侈性消费	
		权重	分值	权重	分值	权重	分值
		0.072	15	0.279	6	0.649	34
社交特征	0.263	家庭生活特征			社会交往特征		
		权重	分值		权重		分值
		0.750	25		0.250		8
工作特征	0.118	个人工作特征			家人工作特征		
		权重	分值		权重		分值
		0.250	17		0.750		10

由表9-7、表9-8、表9-9计算可得欧某、杨某和谷某经济犯罪可疑总分值，其中欧某经济犯罪可疑分值 $= \sum w_i \sum B_{ij}w_{ij} = 26.109$，杨某经济犯罪可疑分值 $= \sum w_i \sum B_{ij}w_{ij} = 22.433$，谷某经济犯罪可疑分值 $= \sum w_i \sum B_{ij}w_{ij} = 20.710$。其可疑分值均大于20，鉴于以上分析，本书初步认定，按照本书所给定的可疑标准和监测指标，从所表现的异常特征来看，可疑分值在20分以上的公职人员都存在严重的经济犯罪嫌疑，都应被重点监测。因此，从事后的角度分析，该监测指标体系能够区分被举报公职人员经济犯罪可能性大小，从而给相关部门重点打击经济犯罪可能性高的公职人员提供参考。

通过典型案例剖析，从银行账户、心理、消费、待人处世以及工作五个方面提取出经济犯罪公职人员的异常特征，并基于总体异常特征，结合专家意见和层次分析方法，本书以消费特征指标、社交特征指标、工作特征指标和账户特征指标四个一级指标构建了公职人员经济犯罪监测指标体系。并选取现实案例对设计的指标体系进行了验证，结果表明，该监测指标能有效对公职人员经济犯罪可疑程度进行区分，从而对相关部门有针对性地打击经济犯罪可疑程度高的公职人员提供参考。

9.2 基于异常消费特征的公职人员经济犯罪监测模型

由于经济犯罪公职人员的隐性特征难以直接观察得到，同时相关研究表明，在经济犯罪公职人员非法资产处置方式中，消费占 46.67%，是经济犯罪公职人员处置非法资产的主要方式。因此，出于监测的角度，有必要针对经济犯罪公职人员显性异常特征中的异常消费特征进行重点分析。

9.2.1 经济犯罪公职人员异常消费特征研究

人们靠消费来满足不同层次的物质需求。马斯洛将人的需求由低到高分为生理、安全、情感和归属、尊重、自我实现五个层次，并且认为只有较低层次的需求得到满足之后，人们才会追求较高层次的满足。然而就满足某一层次的需求来说，又存在不同的消费等级，人们的经济实力决定着满足同一需求的方式，如人们可以通过吃馒头来满足对食物的需求，也可以通过吃鲍鱼来满足；同时，同一需求的满足方式也反映着人们的经济实力。

按照需求的不同层次，本文将八类消费分为基础性消费、发展性消费和奢侈性消费，其中，基础性消费包括食品、衣着和居住类消费；发展性消费包括医疗保健、交通通讯和教育文化娱乐服务类消费；奢侈性消费包括家庭设备用品及服务和其他商品及服务类消费。由于不法收入的存在，经济犯罪的公职人员在各个层次上的消费均会表现出不同于正常公职人员的异常特征。

1. 基础性消费异常特征

基础性消费指的是为满足基本生存的需要而进行的消费，如，为满足较低层次的衣食住方面的需要而进行的消费。公职人员由于收入的稳定性，基本生存的需求早已得到满足。因此，本文中基础性消费指的是在基本生存性需求等级之上的，在衣食住方面进行的消费。

经济人假设认为，人都希望以尽可能少的付出而获得最大限度的收益，即成本一定下的利益最大或利益一定下的成本最小。正常的公职人员尽管收入稳定而进行着较高等级的基础性消费，但其收入毕竟有限，因此，其基础性消费符合经济人假设，在进行基础性消费时考虑更多的是消费品的实用性，追求的是物美价廉。但是，有经济犯罪的公职人员，由于不法收入的存在，使得其在进行基础性消费时，考虑更多的是基础性消费资料的品质而非价格。也就是说，有经济犯罪的公职人员及其家庭在基础性消费上情愿为更好的品质而付较高的价格，即有经济犯罪的公职人员在基础性消费上表现出品质化倾向。

2. 发展性消费异常特征

发展性消费指的是公职人员家庭用于教育娱乐、交通通讯、医疗保健等方面的支出。有经济犯罪的公职人员家庭，为了躲避相关部门的查处从而长期享有非法所得，会利用各种方法隐藏其非法所得。而中国的法律制度和其他国家法律制度的差异以及政治庇护等因素的存在，使得将经济犯罪公职人员引渡回国困难重重。因此，先将家人和财产转移国外，公职人员随后伺机出国便成为经济犯罪公职人员出逃的主要方式。而这种躲避监管的方式必然会使其发展性消费表现出同其收入水平不相匹配的异常特征。具体包括配偶在国外定居，子女教育多在国外，短时间内境外旅游频繁，国外就医，以及保健品多为进口品牌等，即可以概括为经济犯罪公职人员的发展性消费表现出国际化趋势。

我国"裸官"的大量出现就是经济犯罪公职人员发展性消费国际化的直接体现。2012年社科院发布的《法治蓝皮书》指出：案例证明，贪官为谋求后路，一般会提前将配偶子女移民国外，财产转移国外，以便东窗事发时出逃海外。在2012年"两会"上，反腐专家林喆谈到"裸官"问题时，对公职人员配偶和子女在国外的费用来源产生怀疑。他指出，根据媒体曝光的情况，从1995年到2005年，我国共有118万名官员配偶和子女在国外定居，其配偶和子女到国外去定居留学，其费用的来源值得怀疑。

3. 奢侈性消费异常特征

奢侈品（Luxury）在国际上被定义为：一种超出人们生存与发展需要范围的，具有独特、稀缺、珍奇等特点的消费品，又称为非生活必需品。Rossiter认为奢侈品是一种很难获得的，其目的是提供快乐而不是功能的物品。

由于奢侈品的价格较高，正常的工薪阶层购买一件奢侈品往往会花费他们一个月甚至几个月的工资，因此有限的收入决定了他们的奢侈性消费不会太频繁，拥有的奢侈品数量不会太多。但是，异常的公职人员由于不法收入的存在，使得他们具有高于其收入的消费能力。同时，影响我国消费者奢侈品消费动机的文化动因主要来源于中国传统文化中的等级意识以及集体主义对组织的高度依赖，即消费者通过购买普通消费者没有能力消费的奢侈品来显示自己与一般社会公众在地位上的差距。据北京一家媒体曾随机抽取分析北京法院 2005～2007 年审理的 100 件受贿案，结果表明，受贿官员收受的礼单中，轿车与房子分列第二和第三，名列第一的是"小件奢侈品"。

因此，无论是自己购买还是直接收受奢侈品均会使有经济犯罪的公职人员呈现出奢侈品消费常态化的趋势，具体表现为房产有多处、轿车有多辆、小件奢侈品有多件。这里的小件奢侈品主要指的是"行头"，即名牌衣着、手表、眼镜、皮包等配饰。

基于异常消费特征分析，经济犯罪的公职人员及其家庭在基础性消费、发展性消费和奢侈性消费等方面均会表现出不同于正常公职人员的异常特征。因此，通过判断某一公职人员及其家庭是否具有异常消费表现就能推断出该公职人员是否有经济犯罪。如，由公职人员及其家人在各消费层次上的消费表现逆向推断出其收入水平，将推断的收入水平同其现实收入水平相对比，判断其是否存在经济犯罪。

9.2.2　公职人员经济犯罪监测思路

1. 基于家庭为单元的公职人员经济犯罪监测思路

家庭是构成社会的基本单元，在家庭观念很重的中国，公职人员经济犯罪所得一般由家庭成员共享。而公职人员的配偶和子女作为直接利益关系人，从公职人员经济犯罪所得中直接受益。另外，从我国多年反腐来看，制度上的缺陷和监管上的漏洞使得公权力滥用已成为腐败的形式之一。公职人员配偶、子女借助公职人员公权力的影响力，通过权力的运作，获取、倒卖、不公平交易稀缺资源，获得了巨额利益。根据前文分析，这些非法利益的存在同样使得经济犯罪公职人员的家人在工作、消费等方面表现出各种异常特征。因此，将公职人员的配偶、子女纳入监测范围，以家庭为基本单元对公职人员经济犯罪进行监测是必要的，也是可行的，有助于提高监测的有效性。

2. 基于银行账户的监测思路

公职人员的年龄、级别、工作地区和职务同公职人员的正常收入息息相关，可看做是公职人员的固有属性。由这些属性结合公职人员工资对照表可得公职人员工资收入，参考公职人员工资收入占整体正常收入的比重可得公职人员的正常收入。由于公职人员工资性收入的稳定性，并且正常的公职人员也没有洗钱需求，所以正常的公职人员及其家人的银行账户中不会出现资金流入量突然增大、交易频繁等资金异常流动。

基于银行账户的监测思路是指利用银行反洗钱监测手段，通过发现公职人员及其家人银行账户中资金流动的异常来判断该公职人员是否有经济犯罪。但是，由于账户交易受到的监管越来越严格，不法公职人员更倾向于现金交易和实物交易以逃避账户层面的监管，因此，从公职人员及其家庭的银行账户入手来监测只是监测的一个方面，同时需要借助消费监测等监测手段。

3. 基于家庭消费的公职人员经济犯罪监测思路

消费的等级是客观存在的，人们都在自觉不自觉地修正自己的消费行为，以期与自己的身份相符合。消费的等级一般与其富裕的程度相对应，而富裕程度同收入又有直接的关系，所以消费等级同收入也存在对应关系，高消费等级对应高收入。因此，在正常情况下消费数额及消费支出领域同收入是一致的，消费等级高于收入等级是不合理的。借助消费相对收入理论分析，易知人们的消费行为易受与其具有相近的社会地位却有高的经济地位的人群影响，偏向于较高等级的消费。而公职人员作为掌握公共权力的特殊人群，在自身合法收入有限的条件下，为满足较高等级的消费，公职人员就会寻求通过经济犯罪来获得收入。

因此，基于消费监测公职人员是否有经济犯罪主要指以下两个方面：一是判断公职人员家庭是否存在基础性消费品质化、奢侈性消费常态化以及发展性消费国际化等异常情形，从而推断该公职人员是否有经济犯罪，即从消费方向判断公职人员是否有经济犯罪；二是根据公职人员的级别、年龄等属性判断出公职人员的正常收入，并将现实消费额同正常收入额相对比，若现实消费额大于正常收入额则该公职人员可能有经济犯罪，即从消费总额判断公职人员是否有经济犯罪。

9.2.3　公职人员经济犯罪监测模型构建

1. 前提假设

由于家庭组成的复杂性和家庭成员工作的复杂性，以及由此造成的家庭收入的复杂性和消费的多样性，使得公职人员的家庭收入、消费难以确定。为便于研究，本书结合现实情况作出如下假设：

（1）根据计划生育的相关政策，假设：本书中所指的公职人员家庭组成为公职人员的父母、公职人员子（女）、公职人员配偶。

（2）结合中国的传统习俗，假设：公职人员及其配偶是家庭储蓄的主要来源，截至监测期，公职人员职务、级别没有变化且 27 岁组成家庭开始有家庭积累财富，得公职人员家庭积累财富即储蓄的计算公式：

$$S(t) = Y_i \times 储蓄率 \times (A_i - 27) + Y_{i,j} \times 储蓄率 \times (A_{i,j} - 27) \quad (9.1)$$

2. 基于收入的监测准则

《中华人民共和国公务员法》第五十三条规定：公务员必须遵守纪律，不得从事或者参与营利性活动，在企业或者其他营利性组织中兼任职务。《中国共产党党员领导干部廉洁从政若干准则》中也规定禁止私自从事营利性活动，不准以个人或者借他人名义经商、办企业。因此，公职人员的收入中不应有频繁的大额收入。同时有研究表明，中国居民收入主要来自于工薪收入，因此，其来源上的固定性决定了公职人员家人的收入中也不应频繁出现与其工作无关的大额收入。

公职人员和其家人的收入共同构成公职人员的家庭收入，从构成公职人员家庭收入来源的角度分析，其家庭收入来源有以下几种，即工资性收入、捐赠性收入和投资收入，其中，工资性收入包括基本工资、津贴、补贴和奖金，是最主要的白色收入来源。由于工资性收入的稳定性，所以公职人员家庭收入应在一个较小的范围内波动。

令，

$Y_i(t)$：Δt 内公职人员收入；Y_i^*：Δt 内公职人员收入数额上限标准；N_i^y：整个监测期 $T(T > \Delta t)$ 内 $Y_i(t) \geqslant Y_i^*$ 的次数；

$Y_{i,j}(t)$：Δt 内公职人员家人收入；Y_{ij}^*：Δt 内公职人员家人收入数额上限标准；$N_{i,j}^y$：整个监测期 $T(T > \Delta t)$ 内 $Y_{i,j}(t) \geqslant Y_{i,j}^*$ 的次数；

N_1：监测期 $T(T > \Delta t)$ 内该公职人员及其家人取得大额收入的频次上限；

则在整个监测期 $T(T > \Delta t)$ 内，若：$N_i + \sum_{j=1}^{3} N_{i,j} \geqslant N_1$，表明在整个监测期内该公职人员家庭有频繁的大额收入。

3. 基于消费方向的监测准则

家庭作为一个整体，其消费既包括家庭成员的个人消费也包括家庭整体消费。家庭消费支出种类繁多，但总体分成三类，即基础性消费 $P_1 M_1$、发展性消费 $P_2 M_2$、奢侈性消费 $P_3 M_3$。

它们的消费层次各不相同，消费额也随之不同。在收入和储蓄率一定的条件下，某一类消费的增加必然会伴随着另两类消费的减少。正常的公职人员家庭由于收入有限，即使有奢侈品消费也会在这一规律下进行。而有不法收入的公职人员家庭，由于其取得大额收入付出的劳动成本小，时间短，行为经济学心理账户的相关理论认为，公职人员会为该类不法收入建立不同于白色收入的心理账户，更倾向于奢侈品消费，以彰显自己的地位。

$S(t)$ 表示 t 之前的家庭储蓄，代表家庭的积累财富，$\Delta S(t)$ 表示 t 时期家庭积累财富的变动，$\Delta S(T) > 0$ 说明家庭有新积累财富；$\Delta S(t) < 0$ 说明消耗了家庭积累的财富；$\Delta S(t) = 0$ 说明家庭积累财富没有变化，只消耗了当期收入。

令，

$(P_1 M_1)_{i,f}$：Δt 内公职人员家庭基础性消费；$(P_1 M_1)^*_{i,f}$：Δt 内公职人员家庭基础性消费上限；$N^d_{i,f}(P_1 M_1)$：整个监测期 $T(T > \Delta t)$ 内 $(P_1 M_1)_{i,f} > (P_1 M_1)^*_{i,f}$ 且 $(P_1 M_1)_{i,f} - (P_1 M_1)^*_{i,f} > [(P_2 M_2)^*_{i,f} - (P_2 M_2)_{i,f}] + [(P_3 M_3)^*_{i,f} - (P_3 M_3)_{i,f}] + |\Delta S|$ 的次数；

$(P_2 M_2)_{i,f}$：Δt 内公职人员家庭发展性消费；$(P_2 M_2)^*_{i,f}$：Δt 内公职人员家庭发展性消费上限；$N^d_{i,f}(P_2 M_2)$：整个监测期 $T(T > \Delta t)$ 内 $(P_2 M_2)_{i,f} > (P_2 M_2)^*_{i,f}$ 且 $(P_2 M_2)_{i,f} - (P_2 M_2)^*_{i,f} > [(P_1 M_1)_{i,f} - (P_1 M_1)^*_{i,f}] + [(P_3 M_3)^*_{i,f} - (P_3 M_3)_{i,f}] + |\Delta S|$ 的次数；

$(P_3 M_3)_{i,f}$：Δt 内公职人员家庭奢侈性消费；$(P_3 M_3)^*_{i,f}$：Δt 内公职人员家庭奢侈性消费上限；$N^d_{i,f}(P_3 M_3)$：整个监测期 $T(T > \Delta t)$ 内 $(P_3 M_3)_{i,f} > (P_3 M_3)^*_{i,f}$ 且 $(P_3 M_3)_{i,f} - (P_3 M_3)^*_{i,f} > [(P_1 M_1)_{i,f} - (P_1 M_1)^*_{i,f}] + [(P_2 M_2)^*_{i,f} - (P_2 M_2)_{i,f}] + |\Delta S|$ 的次数；

N_2：监测期 $T(T > \Delta t)$ 内该公职人员家庭消费方向异常的频次上限；

则在整个监测期 $T(T > \Delta t)$ 内，若：$N_{i,f}^d(P_1 M_1) + N_{i,f}^d(P_2 M_2) + N_{i,f}^d(P_3 M_3) \geqslant$ N_2，表明在整个监测期内该公职人员家庭存在各类消费的消费额大于对应消费额上限的情况，且次数较多。

4. 基于消费额的监测准则

崔海燕在对中国居民消费行为进行研究时指出，除居民收入差距扩大、流动性约束的存在、预防性储蓄动机增强等因素外，习惯形成也是导致国人储蓄率不断上升的重要因素。因此，正常的公职人员家庭在一定时期内无论是出于预防性动机还是习惯使然，总会留一部分作为储蓄。"同家庭收入相匹配的消费额准则"就是指家庭的消费总额要同其家庭的收入总额相一致。例如，月收入上限 8 000 元的公职人员家庭，在整个监测期（12 个月）内，有五个月以上每月的储蓄额减少不足 2 000 元，但消费总额却在 10 000 元以上，说明其除却正常收入之外可能还有其他异常收入，属于可疑范围。

令，$Y_{i,f}$：Δt 内公职人员的家庭收入且 $Y_{i,f} = Y_i + \sum_{j=1}^{3} Y_{i,j}$；$Y_{i,f}^*$：$\Delta t$ 内公职人员的家庭收入上限且 $Y_{i,f}^* = Y_i^* + \sum_{j=1}^{3} Y_{i,j}^*$；

C：Δt 内公职人员家庭消费总额且 $C = (P_1 M_1)_{i,f} + (P_2 M_2)_{i,f} + (P_3 M_3)_{i,f}$；

$N_{i,f}^a$：整个监测期 $T(T > \Delta t)$ 内 $C > Y_{i,f}^*$ 且 $C - Y_{i,f}^* > \Delta S$ 的次数；

N_3：监测期 $T(T > \Delta t)$ 内该公职人员家庭消费总额异常的频次上限。

则在整个监测期 $T(T > \Delta t)$ 内，若：$N_{i,f}^a \geqslant N_3$，表明该公职人员家庭多次存在将当期全部收入用于消费或是储蓄的减少额小于当期消费额同当期收入额之差的异常情形。

9.2.4　公职人员经济犯罪监测流程设计

以一年为一个监测周期，一个月为一个监测时间间隔，结合监测准则，将公职人员家庭现实收入同正常收入相对比，将现实奢侈性消费同正常奢侈性消费相对比，并且将现实消费同正常收入相对比，如果不匹配说明该公职人员有异常行为。在一个监测周期结束时统计异常次数，异常次数越多说明该公职人员越可疑，则将该公职人员报告相关部门进行重点调查。如果该公职人员家庭没有异常情况则转入下一个监测周期继续监测。本书建立的公职人员监测流程如图 9-2 所示。

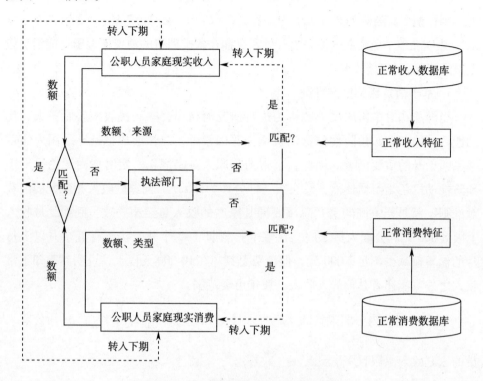

图 9-2 公职人员经济犯罪监测流程

9.3 公职人员经济犯罪监测仿真验证

现实中，由于收入和消费的复杂性，以及相关制度的不完善，公职人员家庭作为微观主体，其收入和消费数据难以取得，故本书采用模拟生成数据的方法对所建立的准则进行验证。

9.3.1 实验设计

本章实验的目的是在模拟生成数据的基础上，模拟准则在现实中的监测效果，由于涉及对监测效果的评价，因此有必要对实验中的角色进行划分。

本次试验中共设定异常公职人员家庭 12 个，正常公职人员家庭 18 个，共 30 个公职人员家庭。并且在模拟监测开始前，并不知道哪些公职人员家庭是异常的。邀请 30 名同学参与实验，随机分配异常角色，参与对象对应自己的角色分别参阅对应的实验说明（见表 9 - 10），并按说明在表格中填入相关数据，模拟生成监测数据。实验说明中相关数值的取得依据会在数据库生成中进行说明。

表 9 - 10　　　　　　　　　　　　实验说明表

实验说明
请记清所抽到的公职人员序号，参照对应的公职人员属性、公职人员级别工资对照表算出该公职人员的基本工资收入 y，从而计算出 Y，$Y = y/0.54$，公职人员家人收入 Y_j 为 2 000 ~ 6 000 的整数。按照下面的要求选取合适的数字填入相应表格。

正常公职人员	1. 收入：公职人员收入（$Y \sim 1.2Y$），公职人员家人收入（$Y_j \sim 1.1Y_j$） 2. 消费方向： ①基础性消费（$780 \sim (P_1M_1)_{i,f}^*$） ②发展性消费（$600 \sim (P_2M_2)_{i,f}^*$） ③奢侈性消费（$0 \sim (P_3M_3)_{i,f}^*$） 3. 消费总额（$1\,380 \sim [(P_1M_1)_{i,f}^* + (P_2M_2)_{i,f}^* + (P_3M_3)_{i,f}^*]$）
异常公职人员	1. 收入：公职人员收入（$1.2Y \sim \infty$），公职人员家人收入（$1.1Y_j \sim \infty$） 2. 消费方向： ①基础性消费（$(P_1M_1)_{i,f}^* \sim \infty$） ②发展性消费（$(P_2M_2)_{i,f}^* \sim \infty$） ③奢侈性消费（$(P_3M_3)_{i,f}^* \sim \infty$） 3. 消费总额（$[(P_1M_1)_{i,f}^* + (P_2M_2)_{i,f}^* + (P_3M_3)_{i,f}^*] \sim \infty$）

注 1：$(P_1M_1)_{i,f}^* = 779.1541 + 0.330774(1.2Y + 1.1Y_j - 3\,120.2946)$ $(P_2M_2)_{i,f}^* = 544.4545 + 0.180987(1.2Y + 1.1Y_j - 3\,120.2946)$ $(P_3M_3)_{i,f}^* = -9.677481 + 0.067147(1.2Y + 1.1Y_j - 3\,120.2946)$
注 2：异常公职人员在收入、消费方向和消费总额三项中至少有一项异常，正常的项目可参考正常公职人员相关数据的取值范围。

9.3.2　数据库生成

影响公职人员工资水平的主要因素有级别、年龄、职务和工作地区，这些因素可以看做是公职人员所具有的属性，按照这些属性将公职人员分类。令 X 表示公职人员类型，A_i 表示公职人员属性，则一类公职人员可表示成向量 $X(A_1, A_2, A_3, A_4)$。由公职人员属性确定其正常收入，结合公职人员家人的正常收入生成正常收入数据库。消费以收入为基础，正常消费数据库就是由已确定收入的公职人员家庭在基础性消费、发展性消费、奢侈性消费方面应有的正常特征而确定的数据库。

1. 收入确定

公职人员属性结合职务、级别工资对照表可得公职人员的基本工资收入，但由于公职人员收入中各类津贴所占比重很高，所以，由职务工资和级别工资两部分构成的基本工资并不能代表公职人员的正常收入。有学者研究表明，目前，仅国家统一出台的津贴和补贴就达 40 余项，各地自行出台的则多达 300 余项。其中，中央国家机关公务员收入构成中津贴补贴约占 46%，上海、广东则已超过 50%。本书采用 46% 的标准，得公职人员月收入的计算公式：

$$公职人员月收入（Y_i） = 公职人员月工资收入（y_i）/(1 - 46\%) \qquad (9.2)$$

其中，$y_i = y(A_i)$。影响公职人员家人收入的因素众多，收入难以确定，故本书采用 2 000 ~ 5 000 的随机整数作为其家人的月收入（$Y_{i,j}$）。同一时期内，公职人员的收入同其家人的收入之和即为该公职人员家庭的当期收入。

2. 消费确定

本书利用 ELES 模型对公职人员家庭的消费进行确定，ELES 模型是 C. Luch 在英国计量经济学家 R. Stone 线性支出系统基础上推导出的需求函数系统，它可以直接运用截面数据进行参数估计，因而被广泛应用。其基本形式为：

$$P_i M_i = P_i M_i^0 + \alpha_i (Y - \sum P_i M_i^0) \qquad (9.3)$$

其中 $P_i M_i$ 为某类消费的消费额，$P_i M_i^0$ 为某类消费的基本消费额，α_i 为边际消费倾向，$Y - \sum P_i M_i^0$ 为剩余收入。其经济意义在于，在一定的收入水平下，居民首先会购买各项基本消费品，然后把剩余的收入按一定的比例在各类消费品间进行分配。

为取得相关数据，本书按消费层次对国家统计年鉴中的八类消费重新分类，其中食品消费、衣着消费和居住类消费纳入基础性消费（$P_1 M_1$），交通和通讯、医疗保健、教育文化娱乐纳入发展性消费（$P_2 M_2$），家庭设备用品及服务、其他商品及服务类消费纳入奢侈性消费（$P_3 M_3$），并且采用 2012 年的截面数据利用 Eviews7.0 进行分析，各估计参数全部通过检验，所得结果如下：

$$P_1 M_1 = 779.1541 + 0.330774(Y_{i,j} - 3\,120.2946)$$

$$P_2 M_2 = 544.4545 + 0.180987(Y_{i,j} - 3\,120.2946)$$

$$P_3 M_3 = -9.677481 + 0.067147(Y_{i,j} - 3\ 120.2946)$$

将已经生成的收入数据代入上式中即可得到对应的消费数据。

9.3.3　阈值确定

1. 收入阈值

公职人员收入中灰色收入的存在已成为社会的共识。陈利浩认为，我国公职人员的收入大致可分为三类，即白色收入、灰色收入和黑色收入。顾名思义，白色收入指的是公职人员的合法收入，包括按规定获得的工资、奖金、补贴等收入，具有公开性和合法性；黑色收入是公职人员通过贪污、受贿等经济犯罪取得的收入，具有明显的非法性，也是本书要监测的内容；而灰色收入则是介于白色收入和黑色收入之间的一种收入，其概念在学术界仍没有一个确切的界定。本书认为陈利浩关于灰色收入的定义和本书的研究内容较为接近，他认为灰色收入是没有利益请托关系的一种隐性收入。张琼通过计算 2005 年中国灰色收入的社会总量，结合当年的行业职工数，计算得出中国当年公务员的灰色收入约为 1.5044 万亿元。按照上述定义，结合张琼关于灰色收入的研究，本书计算得出，2005 年公职人员灰色收入总量约占当年 GDP 的 21.92%。参考这一数值，本书认为将公职人员的收入上限设定在其白色收入的 120% 较为合适，即 $Y_i^* = 120\% Y_i$。

结合张琼的研究数据，经过计算发现，公职人员的灰色收入约占当年社会灰色收入总额的 50%，因此本书认为，将公职人员家人的收入上限设定为其正常收入的 110% 较为合适，即 $Y_{i,j}^{\ *} = 110\% Y_{i,j}$，据此可得公职人员家庭的收入上限为 $120\% Y + 110\% Y_{i,j}$。

2. 消费阈值

将公职人员家庭的收入阈值代入各类消费回归方程中得到公职人员家庭的消费阈值，即

$$(P_1 M_1)_{i,f}^* = 779.1541 + 0.330774(Y_{i,f}^* - 3\ 120.2946)$$

$$(P_2 M_2)_{i,f}^* = 544.4545 + 0.180987(Y_{i,f}^* - 3\ 120.2946)$$

$$(P_3 M_3)_{i,f}^* = -9.677481 + 0.067147(Y_{i,f}^* - 3\ 120.2946)$$

由于公职人员在奢侈品消费上的异常特征较为明显，故在本次消费方向监测实验中主要针对奢侈品消费进行监测。

9.4 公职人员经济犯罪监测结果分析及监测效果评价

9.4.1 仿真监测结果

1. 收入准则监测结果

令 $N_1 = 3$ ，将公职人员收入按低于收入上限标准以及高于上限标准 0 ~ 5 000 元（含 5 000 元）、5 000 元以上划分为绿色、黄色和红色区域，并根据可疑程度赋予权重：0、0.3 和 0.7。同理，对公职人员家人的收入划分区间，分别统计频次并计算可疑程度，结果如图 9 - 3 所示。

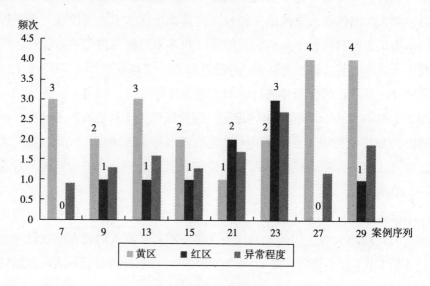

图 9 - 3 收入监测结果

根据收入监测准则，图 9 - 3 中发现可疑收入公职人员并按异常程度由高到低排序如下：23 号、29 号、21 号、13 号、9 号和 15 号、27 号、7 号。根据设计目标，实际收入正常的公职人员家庭有 23 个，收入异常的有 7 个，其中 7 号和 27 号公职人员家庭设计为正常被误判为异常，16 号公职人员家庭设计为异常却没有监测出来。

2. 消费方向监测结果

以 $(P_3 M_3)_{if}^*$ 和 5 $(P_3 M_3)_{if}^*$ 为间隔点，将公职人员家庭奢侈品消费额分成绿、黄、红三个区域，并且根据可疑程度赋予各区域不同的权重，即绿区是正常区域，权重为 0；黄区和红区为可疑区域，权重分别为 0.3 和 0.7。令 $N_2 = 3$ ，分别统计各区的频数，如图 9 - 4 所示：

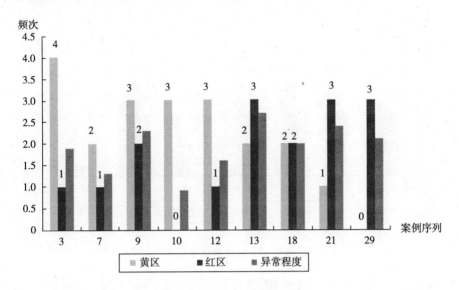

图 9 - 4　消费方向监测结果

根据同家庭生活需要相适应的消费方向准则，发现可疑公职人员家庭并按异常程度排序如下：13 号、21 号、9 号、29 号、18 号、3 号、12 号、7 号、10 号。根据设计目标，实际奢侈品消费正常的家庭有 21 个，异常的有 9 个，经监测发现异常奢侈品消费公职人员家庭 9 个，其中 10 号和 7 号公职人员家庭为正常被误判为可疑；6 号和 16 号公职人员家庭设计为异常却没有检测出来。

3. 消费额监测结果

按消费总额是否超过当期收入，将消费总额划分为正常区域和可疑区域，其中，正常区域为绿区；将可疑区域按消费总额是否超过当期收入的 105% 划分为两个区域，分别对应黄区和红区；并且根据可疑程度赋予权重：0、0.3 和 0.7。令 $N_3 = 5$ ，依次统计各区频次，结果如图 9 - 5 所示：

根据同家庭收入相匹配的消费额准则，发现可疑公职人员家庭并按可疑程度排序如下：21 号、13 号和 15 号、9 号、8 号、18 号、30 号。其中，30 号公职人员家庭设计为正常被误判为可疑；6 号和 19 号公职人员家庭设计为异常却没有检测出来。

通过监测，共发现可疑公职人员家庭 14 个，按异常程度由高到低排序如

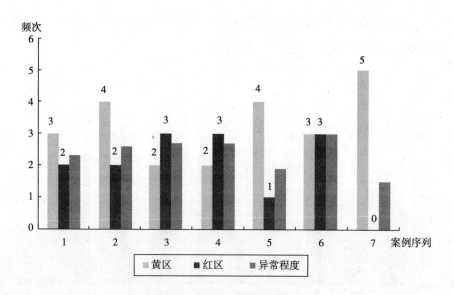

图 9-5 消费额监测结果

下：21 号、13 号、9 号、15 号和 29 号、18 号、23 号、8 号、7 号、3 号、12 号、30 号、27 号、10 号，其中 21 号、13 号、9 号公职人员家庭的异常程度远高于其他公职人员家庭。另外，从公职人员家庭违背的准则条数来看，9 号、13 号、21 号公职人员家庭既有收入异常，又有消费方向异常，还存在消费总额异常，因此无论从异常程度还是违背准则的条数来看，9 号、13 号、21 号公职人员家庭都最为可疑，应对其重点监测。

3 号、8 号、12 号、18 号公职人员家庭在收入上并无异常，因此通过监测收入账户并不能发现其可疑，但是通过监测消费发现：3 号和 12 号公职人员家庭有异常的奢侈品消费，8 号公职人员家庭存在消费总额大于收入总额的异常情形，而 18 号公职人员家庭兼有奢侈品异常和消费总额异常的情形，因此，以家庭为单元从消费层面对公职人员经济犯罪进行监测能有效弥补账户监测的不足。

9.4.2 监测效果评价

本书选取经济犯罪公职人员发现覆盖度、经济犯罪公职人员监测误报率和漏报率以及经济犯罪公职人员发现准确率来对本次实验的结果作出评价。

1. 经济犯罪公职人员发现覆盖度

经济犯罪公职人员发现覆盖度指的是，根据准则发现的异常公职人员占全部设计为异常公职人员的比例，用于衡量准则是否能覆盖全部的异常公职人员，为以后在准确率和覆盖率中寻求平衡提供参考。

2. 经济犯罪公职人员监测误报率和漏报率

经济犯罪公职人员监测误报率指的是，设计为正常的公职人员最后被检测为异常的比例；公职人员监测漏报率指的是，设计为异常的却没有被检测出来的公职人员占全部设计为异常的公职人员的比例。经济犯罪公职人员监测误报率和漏报率用于衡量监测的准确度，是评价的核心指标，用 1 减去经济犯罪公职人员监测误报率和漏报率即为经济犯罪公职人员监测的准确率。

按照监测结果，计算得出，在本次实验中经济犯罪公职人员发现覆盖度为83.3%，基本涵盖了所有设计为异常的公职人员；漏报率为 16.6%，误报率为22.2%，总体来看，共有 2 个公职人员被漏报，有 4 个公职人员家庭被误报，因此，误报率和漏报率偏高可能是由实验案例较少造成的。

奢侈性消费在不法公职人员资产处置中占据较大比例，因此，针对异常消费特征，本章提出了以公职人员家庭为基本监测单元，从收入和消费两条主线进行监测的思路。并结合账户监测和消费监测，分别从收入、消费方向和消费总额出发制定了三条监测准则，最后通过仿真实验，验证了监测思路的可行性，证实了三条监测准则在监测公职人员经济犯罪上的有效性。

第10章 防范公职人员经济犯罪以及提高侦测效率研究

10.1 制度建设方面

10.1.1 建立符合中国国情的财产申报制度

公职人员作为掌握国家权力的特殊群体，在资源分配等方面具有无法替代的优势，理应受到全社会成员的监督，以保证其权力行使的公正性。而有着"阳光法案"之称的财产申报制度，能从公职人员经济犯罪的最终目的对公职人员经济犯罪加以遏制，同时作为监测公职人员经济犯罪的三种手段之一，其在反腐中所起的重要作用不言而喻。但由于制度、观念、技术等方面的障碍，中国至今仍没有将该问题纳入法律范围。随着反腐败进程的不断深入，建立符合中国国情的财产申报制度已势在必行。

首先，应加快公职人员财产申报制度的立法进程。要从根本上遏制经济犯罪，应当将财产申报、公示制度上升为法律的范畴，运用法律的强制力保证制度的顺利运行。可采取地方试点、探索方向、逐步展开推进的方式来使财产申报制度纳入法律范围。

其次，要加强财产申报的外部监督。《关于领导干部报告个人有关事项的规定》在中国已经实施多年，但从实际效果来看，收效甚微。监督不力，甚至是"自己监督自己"是产生这种状况的原因之一。因此，保证财产申报制度的顺利实施，监督机制至关重要，可采用总数公示，具体内容申请查询的方式，真正使财产申报纳入公民的监督之下。

最后，组建强力机构。在世界清廉指数较高的国家，大部分都有独立的专职机构，如香港的廉政公署，新加坡的反贪污调查局等。因此，要使财产申报制度成为遏制公职人员经济犯罪强有力的武器，强大的受理机关尤为重要。全国人大可以参考新加坡等国家先进的经验，组建直属中央的独立的反腐机构。

10.1.2　完善公职人员经济犯罪举报制度

1. 提高公众的反腐败意识，鼓励公众积极参与反腐工作

打击公职人员经济犯罪是一项长期、艰巨的系统工程，不是仅凭法律、法规约束、惩罚和行政执法部门监督、治理就能够完成的，它需要公众的共同努力。而公众的举报热情和举报质量又与他们的法律水平、法制观念及举报环境相联系。因此，政府应重视宣传教育，通过提高公众主动反腐意识，帮助其树立理性的反腐观念，并通过设立举报奖励等措施积极倡导群众参与反腐工作。这不仅是公职人员经济犯罪监测指标体系在现实中得以顺利开展的保证，而且也是中国当前有效的反腐途径之一。

2. 加强对举报人的保护，优化举报环境

由于举报人的检举对象一般都是拥有权力的公职人员，因此，害怕打击报复便成了阻碍举报工作顺利开展的重要因素。在《中国青年报》的一次网络调查中，在公众认为阻碍举报的诸多因素中，"担心举报后遭到打击报复"的占34.9％。尽管我国现行的不少法律法规都涉及了对举报人保护的内容，但大多是从规定举报受理机关的责任和对打击报复行为制裁入手，并没有明确赋予举报人相应的权利。虽然我国刑法以及检察院都对打击报复检举人的行为规定了惩罚措施，但是对打击报复行为主体的界定过于狭窄、对打击报复行为的概念和情节的认定不清楚等问题仍然存在，使得打击报复行为没有得到有效遏制，这在一定程度上影响了公众举报的热情。

因此，要使举报在打击公职人员经济犯罪中起到长久有效的作用，保护举报人的合法利益，优化举报环境至关重要。不仅要保护举报人的人身权利，而且要从经济、法律、政治和社会等方面加以保障。如经济上给予补偿和奖励；政治上保障举报的保密性或是在荣誉等方面给予一定的保障；法律上强化完善举报人权益保护条例，切实保障举报人的知情权、监督权和质询权；通过建立社会志愿服务组织，为举报者提供法律援助，或是对有遭受打击报复危险的举报人建立特殊援助渠道等。

3. 结合异常特征，规范举报形式

随着国家对反腐败的持续重视以及网络等新式举报渠道的开通，公众参与反腐的热情不断高涨，但随着举报线索总量日益增多，很多举报情况错综复杂导致相关部门处理举报的任务繁重，如果不能快速地对举报人提供的线索进行反馈，不仅会影响公众的举报热情，甚至可能错过最佳的取证时机。

这种问题的出现，在很大程度上归因于举报形式的不规范。本书结合上述监测指标，针对现行举报形式中举报内容分类不明确的问题，对举报形式重新构建，以最高人民检察院举报线索登记表为例。现行举报登记表如表 10 - 1 所示：

表 10 - 1 现行举报登记表形式

××省人民检察院举报线索登记表						
举报人 基本情况	姓名		E - mail		家庭地址		联系电话	
	单位		证件名称		证件号码		所在地区	
被举报人 基本情况	单位		所在地区		姓名		性别	
	政治面貌		级别		家庭住址		电话	
	单位名称		职务		单位地址		案发地区	
	特殊身份		身份					
涉嫌罪名							
举报内容							
可供调查的相关 关系人情况							

结合异常特征，以便于统计、提高效率为原则，对原举报表格中的举报内容进行了重构。重构后的举报内容按照异常特征分类，结合对应权重，能快速计算出被举报人的异常程度，从而有针对性地展开调查，有利于提高效率。重构后的举报内容如表 10 - 2 所示：

表 10 - 2 重构后的举报内容

举报内容	消费	基本生活品是否为国际品牌	是/否	基本生活品是否为国内著名品牌	是/否	房产数量	5	汽车数量	3
		小件奢侈品数量	如：名表6块	公职人员配偶一年内在国外时间	如：5个月	公职人员配偶是否外国国籍	是/否	公职人员子女是否在国外接受教育	是/否

续表

举报内容	消费	公职人员子女是否为外国国籍	是/否	公职人员家人一年内出境总次数	如：5 次			
	社交	被举报人家庭是否和睦	是/否	被举报人一月内在外留宿天数	如：15 天	被举报人是否包养"情人"	是/否	被举报人家庭是否同商人关系密切	是/否
		被举报人及其家人的交往对象是否多为富豪	是/否	被举报人及其家人是否存在违法活动	是/否			
	工作	被举报人是否利用工作便利打听纪检工作情况	是/否	被举报人在工作中是否独断专行	是/否	被举报人家人就业单位是否多为事业单位	是/否	被举报人家人是否存在"吃空饷"现象	是/否
	其他举报内容							

4. 相关部门要重视群众举报和上访问题

低级别公职人员混入大众化的资产处置模式，很难被公安、检察机关发现，但与其密切接触的基层群众却相对容易察觉，因此，群众的监督尤为重要。相关部门要重视群众举报和上访问题，群众一旦发现身边的公职人员有不法行为，也要及时上报。

上访是《宪法》第四十一条规定的公民的基本权利，是民众公开向上级领导机关反映问题、提出建议和意见、提起公诉和检举的一种重要形式。民众上访，无论是个人上访还是集体上访，大多与腐败有关。上访其实就是公开地举报，有利于暴露问题和解决问题，有利于防止社会矛盾的激化，有利于安定团结。上访也是民众对上级党政领导表示信任的一种表现，有利于密切高层领导与人民群众的鱼水关系。

相关政府部门应设立群众举报的保护和重奖，群众的广泛监督能够使腐败寻租的信息较快释放到司法机构，对腐败行为将起到震慑作用。建立完善的群众举报制度，不仅要保护举报者安全，还必须考虑到群众举报的收益，要对举报者给予重奖，奖励不能只是象征性的，必须是可观的、可计算的，如奖励数额为被举报腐败金额的一个恰当比例。

10.1.3 完善反洗钱监测体系，提高反洗钱监测效率

1. 落实反洗钱监测系统和举报系统的有效联合。反洗钱监测系统和举报系统目前还是两个彼此独立的系统，金融机构要加快反洗钱监测系统和举报系统的建设工作，建立数据共享、相互补充的反洗钱监测和举报系统联合监测的分析体系。

2. 拓宽信息渠道，实现更多的联合。类比与举报系统的联合，我国金融机构还可以与海关、税务、工商等其他行政执法机构进行联合改进，获取更多的电子信息。金融机构可以建立反洗钱信息互通工作机制，加强反洗钱主管部门与其他各部门之间的信息沟通，建立信息共享机制。

3. 改进举报格式，加大对举报的宣传教育工作，让更多的人了解举报途径，掌握举报方法。法律部门应该加强举报的法律知识，让群众知道如何举报、正确举报、有效举报，引导群众认识到举报是一项权利更是一项义务，应该充分利用举报来有效监督公职人员。

10.2 基于公职人员经济犯罪特征的对策建议

1. 增加公职人员既有财产和未来收益水平，提高效用价值，减少犯罪

实践证明，不法分子在法律的高压下依然铤而走险，最终目的都是利益，所以提高既有财富水平，可以有效地降低不法人员经济犯罪的参考点，减少犯罪发生的可能性和犯罪金额。但是在我国现行的法治环境下，合理地增加公职人员的薪酬和退休福利的措施对于公职人员更有效，这种方式可以提高公职人员的预期价值，使得公职人员更加珍惜其社会和经济地位，增加公职人员腐败的机会成本，使其自觉抵御腐败的高收益诱惑力，不愿去犯罪。

2. 控制公职人员的风险厌恶系数

公职人员的风险偏好系数，可以用传统经济学的规范分析工具——阿罗·普拉特风险规避度量予以刻画，考察其是否具有坚持原则、认真、稳健的工作作风。此外，可以在公职人员选拔过程中通过筛选合格的公职人员来实现。在公职人员入岗前人才选拔过程中，采用"人格和道德测评"模式。入职前，利用科学手段识别出财富和权力评价系数过高的候选人，将他们阻拦在公职人员

队伍之外，从源头上减少经济犯罪行为发生的可能性。

3. 建立科学的任职机制，减少"边腐边升"现象

张涛收集 1987 年到 2011 年的省部级公职人员受贿罪案例表明：67.1% 的公职人员在首次收受贿赂后，至案发被判决这期间依旧在职务上得到晋升，并且进行更加疯狂地敛财活动。本书搜集的不法公职人员的案例中，不法公职人员的平均潜伏期在 7.93 年，普遍存在"边腐边升"的情况。首先，可以采用组织内部重要岗位轮岗制，降低"家长制及裙带关系的泛滥"现象导致的腐败行为；其次，在保证选拔任命过程的透明和民主的前提下，采取竞争上岗的措施，通过竞争选拔人才，降低选才过程中因逆向选择带来的风险。

4. 加强公职人员家庭成员的思想教育，关注公职人员的交往圈

近年来，共同犯罪已成为公职人员经济犯罪的一大特征，除了利益相关的其他公职人员外，家属和情人共同站在被告席的现象时有发生。本书中共同犯罪的比例高达 93.0%，其中情人参与比例为 57.0%，家属参与占比 36.0%。共同犯罪会加速公职人员腐化，使公职人员的经济犯罪更加严重。因此，加强公职人员家庭成员的思想教育、关注公职人员的交往圈具有重要的现实意义。可以通过定期组织家庭成员与公职人员一起参加类似于公务员职业道德培训和相关法律专题报告等活动，提高自身素质，增强法律意识。

10.3　预防公职人员犯罪心理形成的建议

基于以上对公职人员经济犯罪心理的研究分析，要预防不法公职人员犯罪心理的形成，应针对其产生的原因归纳提出相应对策，从而有效地预防和遏制公职人员经济犯罪行为。

1. 加强廉政教育，增强负强化刺激

不断加大国内的反腐倡廉工作建设，并使国内能够形成良好的社会风气。良好的社会道德风尚、社会价值观和全民廉政意识环境是非常重要的。因为公职人员经济犯罪心理衍生的根源就是社会内负强化刺激不够，不足以压制社会内正强化刺激所带来的影响力，造成信仰动摇，进而出现经济犯罪行为。要坚持在全社会系统内开展廉政教育，使全社会内的公民都能够树立正确的世界观、人生观、价值观、利益观、权力观等，使之形成一种良好社会文化。尤其对公

职人员，更应该加强廉政教育、警示教育，强化作风建设，提高执法公职人员的思想道德水平。

2. 培养高尚的品格及坚强的意志，增强个人的抑制力

理想信念是人的精神支柱，品格意志是促使人们完成理想信念的动力。公职人员必须进行深入、持久的理想信念教育，品德意志的培养，不断增强其抑制力，使之面对各种诱惑，能够自觉地克制自己的私欲，使其在诱惑面前不会产生犯罪动机，从而有效地预防和抵制经济犯罪。像江泽民同志所说的"人的素质高，能够廉洁自律，做到'常在河边走，就是不湿鞋'"。每一位公职人员都能够有高尚的品德，有从政之德、律己之心，并能够常思贪欲之害，用自己的坚强抑制力筑立起牢固的思想防线。

3. 建立完善监督体系，减少犯罪机遇出现

廉政教育，提高自身抑制力等措施要有一定的制度措施相配套，不能只有泛泛而谈的政治说教，要建立健全公职人员的监督监管制度，对公职人员的工作进行定期的考核，建立一支高效廉洁的公务员队伍。首先，强化监督，完善监督体系，分化权力，形成相互制约，同时加强监察体系建设，从制度上避免权力寻租的机会出现；其次，实现以权治权，防止权力金钱化、私有化，减少公职人员掌握特定的资源进行以权换权等经济犯罪的出现。与此同时，还要加大百姓的参与力度，使舆论监督、法律监督、党内监督、社会团体、媒体监督和群众监督等，形成切实有效的立体化监督网络体系。

4. 加强法制建设，增加公职人员经济犯罪成本

公职人员经济犯罪的成本主要取决于惩罚成本，因此，要加大惩罚力度来提高其犯罪成本，不仅要严惩受贿者，同时要严惩行贿者，同时扩大查处范围，加大查处力度，使公职人员经济犯罪的查处率大幅度提高，使公职人员经济犯罪由"高收益、低风险"变为"高风险、低收益"。只有保持强有力的惩罚力度，教育、制度和监督才能更好地发挥作用，才能有效地预防公职人员经济犯罪行为的发生。

10.4 针对高、低级别公职人员防范策略

10.4.1 基于高、低级别公职人员经济犯罪共同特征

1. 从影响高、低级别公职人员犯罪的共同因素入手，加强公职人员财产的

有效监控

总金额是影响高、低级别公职人员经济犯罪隐蔽性的共同因素，所以，如何监控公职人员的合法收入是首要解决的问题。公职人员腐败，突出表现为利用职权聚敛财物。因此，实行公职人员财产定期申报、公布制度，严格限制公职人员利用手中权力谋取利益、索贿受贿等所得资产的合法化。对于依法约束公务员行为、防止权力腐败，使反腐倡廉走向法制化道路具有重要意义。当然，在对公职人员财产的监控过程中，不能仅限于公职人员本身，也应扩展到其配偶、共同生活的子女名下的财产，甚至应扩展到共同生活的父母名下或亲朋好友的财产。这样才能对公职人员犯罪行为的发生给予提早发现，萌芽期制止，从而减少犯罪行为的发生。

2. 加大公职人员经济犯罪侦查力度，加强惩罚机制

近年来，党和政府不断加大对公职人员经济犯罪的打击力度，但是仍有不少漏网之鱼没有被绳之以法，或是即使被处罚，处罚力度并不足以令其改过自新。所以相关政府部门应加大不法公职人员经济犯罪侦查和惩罚的力度，严厉打击公职犯罪行为。

3. 公职人员效用函数中各变量系数的调整，主要是降低财富系数和权力系数，提高忠诚度

因为一个忠诚于组织、热爱事业的公职人员选择经济犯罪的机会较小。而把财富和权力看得至关重要的人，很容易在诱惑面前失足。直接控制公职人员的各项系数不容易操作，所以我们采取在人才选拔过程中通过筛选合格的公职人员来实现。第一，入岗前人才选拔，采用"人格和道德测评"模式。入职前，利用科学手段识别出财富和权力评价系数过高的候选人，将他们阻拦在公职人员队伍之外，从源头上减少经济犯罪行为发生的可能性。第二，加大对公职人员的在职培训投入，主要是加大"道德与法律"方面的培训，通过提高公职人员的法律意识和个人修养，改变其对"金钱、权力至上"的观点并深刻认识到经济犯罪的法律制裁以及机会成本的损失。

10.4.2　基于高级别公职人员经济犯罪特征

1. 加强权力实施与社会网络的监控

高级别公职人员是指县处级、厅局级及省部级政府官员，由于级别较高，

社会地位高，所拥有掌控的权力就越大。高级别公职人员实施权力时通常倾向于重大决策由自己拍板，从而使那些旨在保证决策科学化和民主化的程序性规定流于形式。并且，实施经济犯罪时往往习惯于用高压手段推行自己的政策。例如，高级别案例一的李某，利用"一把手"的权力实施受贿行为，从而使那些意在减少政策执行中阻力的工作方法和程序形同虚设。同时，第五章得出犯罪因素是高级别公职人员犯罪隐蔽性的影响因素，所以需要通过预防高级别公职人员犯罪的各种条件与动机，以有效地减少高级别公职人员犯罪案件的发生。

因高级别公职人员所掌握的权力和人脉都更大更广，其会因为对自由和欲望的追求，而产生过度的贪婪心理。所以健全完善制度，是解决当今社会对高级别公职人员的权力制约的重要途径。用法律制度来规制高级别公职人员的行为，制约其产生某种过高的预期，使其无法进行越轨行为。加强制度建设，强化监督制约机制是遏制高级别公职人员的关键防线。克服违规行为，就要加强制度建设，弥补制度本身的漏洞，使不法公职人员无机可乘。

2. 提高高级别公职人员的效用数量

第一，提高公职人员在约束条件内所获得的正常收益，使其能较好地满足生活需要，不至于产生过于严重的失衡心理。当然高薪并不是绝对的养廉，政策的制定与实施需要把握一个适当的"度"。第二，提高公职人员的职位荣誉感。在难以增加公职人员某些效用绝对量时，利用社会宣传、提高公职人员的职位荣誉感，增加其相对效用数量。特别是高级别公职人员，由于社交中的各种攀比，使其相对效用数量变小，尤其需要提升其职业荣誉感。

3. 完善任用选拔机制

张涛收集1987年到2011年间的省部级公职人员受贿罪案例表明：67.1%的公职人员在首次收受贿赂后，至案发被判决这期间依旧在职务上得到晋升，更有甚者是疯狂的升职。本书所搜集的高级别公职人员案例不仅仅是省部级，从厅局级到县处级都存在严重的边腐败边升职的现象。所以，改进高级别公职人员的任用机制具有重要的实际意义。具体措施如下：一是建立一种机制，不仅使高级别官员能上，更要能下。二是反对官本位，要剥夺高级别公职人员工作中的各种特权，重视对其的问责，杜绝肆无忌惮地获取灰色收入。三是高级别公职人员选举中强调民主性，增加选拔任命过程的透明度，提高选拔过程中的科学性。

10.4.3　基于低级别公职人员经济犯罪特征

1. 加强道德与法制教育

个人因素是低级别公职人员经济犯罪隐蔽性的主要影响因素，所以需要提高低级别公职人员的个人素质与文化修养，这样才能使人民的"衣食父母"更好地为广大人民群众的切身利益作贡献。第一，主观上低级别公职人员应通过不断学习，提高自身的思想政治、廉政、法律及党性宗旨的觉悟能力。加强自我约束能力，不断改造自己的价值观及人生观，提高自身综合素质，争取成为人民真正的"主人"。第二，客观上政府应该建立有利于低级别公职人员道德与法律培训的培训机制，例如，县级、乡镇可以定期对基层干部进行集中教育培训，通过在职教育，可以使低级别公职人员真正地履行党和人民赋予的责任，成为国家和人民的真正代表。所以，要综合改革和完善我国的基层监督体制，加大监督力度，遏制低级别公职人员犯罪行为的发生。

2. 制约"一把手"权力

可以从四个方面提出制约低级别公职人员"一把手"权力滥用的策略：一是以制度制约"一把手"权力。为了阻止低级别公职人员"一把手"经济犯罪，必须通过制度对其权力实施采取完全的监督和控制。二是以关系制约"一把手"权力。领导关系表现为三种形式：上级关系、同级关系、下级关系。对"一把手"权力的制约可以通过这三种关系进行。三是以责任制约"一把手"的权力。这是权责一致原则在权力制约方面的表现和运用。四是以监督制约"一把手"的权力。要建立起自上而下、自下而上、纵横交错、内外相济的监督体制，使相关机构监督和检察部门的监督体系相结合，党内和党外监督相辅相成，上级和下级监督联合运用，从而形成监督的合作用力，达到对低级别公职人员"一把手"权力运作的全方位立体监察。

3. 在基层设立良好的举报机制

虽然数据显示低级别公职人员经济犯罪被绳之以法大部分因群众的举报、上访，但是不得不承认，我国的基层举报机制仍然存在很多问题。例如：群众举报渠道不明确、相关举报管理机构管理不善、被举报案件得以查处惩治率不高、群众举报成本居高不下等。所以，改革现有的中国举报机制对预防和遏制低级别公职人员经济犯罪具有至关重要的作用。

具体可以采取以下策略：一是完善群众的举报渠道，避免出现人民举报无门或是中途被拦截无法举报成功等事件的发生，尽量减少举报传递程序，提高举报的效率。二是完善相关举报管理机构，使举报的受理工作规范，有法可依，更重要的是保护好举报信息，严防泄密事件发生。三是加大举报案件的查处率。尽量减少压案积案、有案不立。四是尽量降低群众的举报成本。群众的举报成本包括经济成本、政治成本、心理成本和社会成本。可以实行网络举报信息中心，实施无记名举报和密码举报。可以保障举报人员的利益，以防被举报人蓄意伤害举报群众。

10.4.4　基于低级别公职人员资产处置方式的特点

"千里之堤，溃于蚁穴。"国家即是堤坝，低级别公职人员的经济犯罪便是堤坝中的蚁穴。一旦任由"蚁贪"现象在国家的底端蔓延开来，整个国家的反腐根基会被动摇，后果是可怕的。针对低级别公职人员非法资产处置，政府及相关部门要采取相应的措施进行监控。

1. 政府及相关监督机关应高度重视"小腐败"案件

目前，政府及相关监管部门对于小案件普遍不感兴趣，社会舆论也认为"小腐败"没有什么了不起。这种社会心理是不正确的。在某些特殊时期，将抓大案要案作为反腐败工作的重点是必要的，但是，长期将反腐败工作的重点停留在大案上，则是非常不妥当的。改革开放以来，查处大案不可谓不得力，然而大案越来越多、越来越大，原因就在于对小案的放纵。

大案是从小案逐步发展起来的，任何一个重大腐败分子都有一个"成长"的过程。如果在腐败的初期，相关部门能够及时发现小的腐败行为，并坚决予以查处，像"房叔"蔡彬、"表哥"杨达才那样大的腐败问题也就不会出现了。因此，政府或相关部门应高度重视"小腐败"案件，做到有案必查、有腐必惩，从根源上杜绝腐败案件的发生。

2. 检察机关应加强对低级别公职人员日常生活的监督机制

针对低级别不法公职人员资产处置，防范的重点应集中在简单、低层次的资产处置上，特别是境内的消费和投资。为此，公安、检察机关应加强对低级别公职人员日常生活的监督机制，监督低级别公职人员日常消费行为以及投资的方向是否与其家庭收入相匹配，如发现异常，应及时调查。

低级别公职人员家庭财产申报制度是一种有效的预防措施，建立一套低级别公职人员及家属的信用保障配套制度，无论是开户存钱、买房卖房、出国学习都要与它直接挂钩。但需要认清的是，我国官员家庭财产申报制度存在很大缺陷，官员财产公开、透明的程度远远不够。短期内，全国性的官员家庭财产公示制度还难以出台，在这一前提下，应该首先打通官员财产申报平台，发挥各级人大常委会的作用，由各级人大常委会监督同级官员财产申报平台，对权力进行制约，这可以为制定全国性的官员财产公示制度积累经验。其次，官员财产的申报"必须从上往下进行，而非从下往上"，从建立中高级干部的家庭财产公示制度开始，家庭成员的工资、股票债券、不动产等各种收入都应该包括在内。在什么样的范围内担任领导职务，就必须在什么样的范围内公开财产。比如，乡长应该向管理的整个乡公开，中央干部则应该向全国公开。

3. 政府部门要建立完善各项管理制度

低级别公职人员单次的犯罪金额小，接触财务机会多，均具有经手财务的便利条件，容易脱离监管。因此，要从内部的管理制度着手防范，健全完善各项管理制度，尤其是涉及人、财、物的制度要严格按制度办事。

首先，规范办事的流程，特别是基层财务管理制度，对于收取款项，要及时纳入财务，统一管理，合理使用。建立重要岗位轮换制度，对在主管预算、会计、出纳等重要岗位上工作的人要定期或不定期的轮换。其次，对于具有审批权、资源配置权的公职人员应重点防范，无论过程结果都要公开透明，减少行政审批事项、精简办事环节，不能人为地设置障碍。最后，改善单位管理现状，完善内部制度、强化群众监督、实行用人责任制等，制止领导利用干部选拔和用人管理的机会收受贿赂。同时，进一步加大制度落实的力度，使基层干部无法腐败。

10.5　基于非公职人员经济犯罪特征的对策建议

1. 建立健全的民营企业的融资体系

从民营企业案发领域和犯罪罪名来看，融资已成为非公职人员经济犯罪的主要动因。因此，建立健全的民营企业的融资体系尤为重要。首先，企业自身应该完善企业制度，建立健全的治理结构，降低经营风险，加强信用风险管理，提高企业的偿债能力；其次，还应该大力发展中小金融机构，改革其经营管理体制和运作模式，同时建立中小企业信息库，与其他金融机构和相关部门信息共享，形成完善的信用担保机制。

2. 严格审查且密切关注具有较多社会荣誉和政治地位的非公职人员

有学者研究表明：政治关联可以加强和促进民营企业与政府的关系，通过政治关联可以保护民营企业的产权、缓解融资难以及克服行业准入的管制性壁垒。根据本书的不法非公职人员的经济犯罪现象，本书认为，非公职人员参与政治或取得社会荣誉在实现自己政治或者经济目的同时，在某种程度上是为了掩饰自己非法活动。因此，要严格审查非公职人员政治参与和获得社会荣誉的动机。

3. 针对非公职人员房地产洗钱行为，应尽快将其纳入洗钱义务主体，完善公司审查制度，加强行业监管

顺利开展反洗钱工作的前提任务是，要把房地产业及其从业人员纳入反洗钱监管的范围。科学有效地预防和减少房地产洗钱行为，必须从房地产洗钱的源头开始，以房地产交易过程为出口严防堵截。首先，从完善公司审查制度，清楚房地产开发商、房地产中介机构、装修装饰机构等股东资金来源和性质及其实际控制人的背景信息，以保障资金来源、公司运营合法。其次，应该建立行业自律机制，规范房地产经纪业，了解购房者资金来源和性质，购房情况及交易频率，发现大额可疑交易立即上报。

10.6 基于公职人员家庭提出对策建议

1. 加强对公职人员的廉政教育

从经济犯罪公职人员的异常心理特征分析，公职人员经济犯罪行为的产生是从外界的刺激开始的，公职人员正是接受了外界的刺激，才在主观上产生了不良思想，从而衍生出了经济犯罪动机，当情景和动机相遇时，经济犯罪行为就会发生。因此，加强对公职人员的廉政教育，增强自觉抵制外界刺激的能力，可从公职人员经济犯罪的诱因上对公职人员经济犯罪行为加以遏制。

第一，剖析典型案例。通过典型案例剖析，用事实来告诫公职人员要自觉抵制拜金主义、享乐主义和极端个人主义的侵蚀，防止陷入腐败的泥潭。特别

要突出对重点单位、重点部门以及重点岗位公职人员的教育，使其慎权慎友，远离腐败。第二，服刑人员现场教育。通过正在服刑的经济犯罪公职人员现场介绍他们的犯罪过程，以及心理的变化过程可以使公职人员受到警示，时刻保持清醒的头脑，抵制各种诱惑。第三，坚持正反典型相结合。在典型案例和服刑人员警示教育的同时，也要树立廉洁的典范，组织公职人员学习先进事迹，增强公仆意识。

2. 加强对公职人员家人的教育监督

同公职人员相比，公职人员家人更易受到外界的影响，产生攀比、享乐的思想，向公职人员灌输一些类似于"有权不用、过期作废"的思想，甚至直接代替公职人员收受贿赂。有廉政专家指出，一些领导干部一开始并不想腐败，但其家属贪图享受，怂恿其利用职务便利或地位影响进行权钱交易，这也是一些领导干部走上腐败道路的主要原因之一。因此，公职人员家人作为公职人员的直接利益关系人，无论是在犯罪前的诱导过程还是犯罪后的收益及隐藏过程都起着重要作用。加强对公职人员家人的教育监督，有助于遏制公职人员经济犯罪。

首先，典型案例的教育警示作用在公职人员家人身上同样适用，通过典型案例使其树立起正确的权力观和利益观；其次，公职人员也要加强对家人的教育约束，营造良好的家风，培养健康向上、遵纪守法、淡泊名利、和谐温馨的家庭氛围；防微杜渐，教育家人凡是有可能影响公正执行公务的宴请、活动不能参加，凡是有可能影响公正执行公务的物品不能收，一旦发现家人收受他人财物要及时报告和退回，使家人成为自己抵制外界刺激的坚实屏障。

3. 加强对公职人员家庭成员出入境的监督管理

公职人员在实施经济犯罪后，如何安全地拥有和使用非法所得便成为经济犯罪公职人员的首要问题。国外严格地对私有财产的保护条例和案发后较为困难的引渡回国，使得先将家人和不法资产转移国外，自己随后出逃成为公职人员试图长期占有不法所得的重要途径之一，由此也诞生了许许多多的"裸官"。因此，根据经济犯罪公职人员在发展性消费上的异常特征，对公职人员家人出入境以及其家庭的资金流向进行监管便成为遏制公职人员经济犯罪中的重要一环。

首先，应与各国司法机构深化在打击公职人员经济犯罪领域的合作，如切实履行引渡条约，在案件的调查取证、追缴赃物等领域展开合作，严厉打击洗钱等非法金融活动，拓宽司法合作渠道，提高合作的效率。其次，在"裸官"不得担任要职这一条例的指引下，不仅要严格审查其出境的理由，而且要限制其出境次数，同时要求其公开家庭财产，并对配偶及子女拥有外国国籍或者外国永久居留权的公职人员建立预警档案。

10.7　重点行业与群体性案件的防范

不同行业、领域的公职人员经济犯罪行为，具有不同的犯罪原因及犯罪特征，因此需要提出不同的政策建议。

10.7.1　金融行业公职人员经济犯罪预防措施

根据统计数据显示，犯罪的行业特点越来越明显，大量的腐败犯罪集中发生在一些公共权力比较集中的机构，如政府机构、资金比较密集的部门，如金融部门、建筑等领域。由于发生在低职位公职人员经济犯罪领域中的职务犯罪通常涉及多个行业和环节，同一行业和环节往往具有相同的环境和背景，而不同的行业和环节又具有相同的特点和规律，因此，犯罪的行业性特征明显。综合而言，银行业公职人员经济犯罪可以概括为以下几个方面：

（1）犯罪主要是贪污、挪用公款、贿赂犯罪，其中挪用公款犯罪最多。同时，银行业公职人员犯罪往往同时触及多个罪名。一些银行领导干部滥用权力直接干预金融机构决策，从中收取好处或贪污、挪用公款。

（2）犯罪数额巨大，造成经济损失非常严重。由于银行从业人员所处行业特点，其公职人员犯罪金额动辄数百万元、上千万元、上亿元甚至数亿元。

（3）犯罪主体专业水平和知识水平都比较高。银行业自身的特征要求其对从业人员的学历、业务水平都比较高。随着银行业公职人员犯罪的发展变化，较高文化层次的中层以上管理人员已经成为犯罪的"主力"。

（4）公职人员犯罪窝案、串案突出。随着银行业内控制度进一步健全完善，公职人员单独作案难度增大，共同联手作案增多，涉案人员增多。有的同内部人员相互勾结，共同牟利；有的是内部人员与社会不法分子共同策划，里应外合，共同作案。

治理建议为：

（1）运用现代化科技手段，健全内控机制。依靠特定程序、措施和方法对内部职能部门及业务活动进行机构制约、制度管理和风险控制，从而完成既定目标和防范风险；对业务人员加强监督，一线岗位实行双人、双职、双责，单人岗位处理业务应当有相应的前台监控和后续监督。

（2）加强金融队伍建设，注重考察高级管理人员的人品和职业道德。通过公开招聘、公平竞争、择优录用，保证人员质量；对于基层干部的培养、选拔、任用调动时，严格考察其廉政情况；对于金融行业的从业人员的道德考察要持之以恒长期坚持，对于考察不合格的公职人员要给予批评甚至停职检查。

（3）建立金融领域防范公职人员犯罪的协作机制。人民检察院、中国人民银行、证监会、保监会等金融机构应共同做好预防和打击公职人员经济犯罪。从制度上、组织上形成有效的预防联系工作机制，建立健全预防职务犯罪网络，增强控制和防范金融高级管理人员和其他从业人员职务犯罪的能力。

10.7.2　建设领域公职人员经济犯罪预防措施

工程建设领域的公职人员犯罪是目前我国案发率较高的一类职务犯罪，由于工程建设的资金流动量较大，牵涉的环节较多，同时该领域的职务犯罪往往会直接导致建设工程质量事故的发生，具有非常严重的社会危害性。因此，减少工程建设领域的公职人员经济犯罪是反腐败亟待解决的问题之一。

1. 全面实行公开招标投标制度，严格工程报建，规范项目审批。应当通过公平竞争而不是不正当竞争获得项目，严禁违规操作和非法报批、审批。增强发包、承包工作透明度，投资方、承包方、中介组织都要统一市场公开交易，不搞隐性交易。

2. 推行信息公开制度，严格执行预算、决算审查与复核制度。所有与建设项目有关的事项，如信息发布、标书发放、招标标底审定确认等工作都应严格按程序公开进行，通过科技手段减少人为因素影响；严格按照规定的办法和程序进行预算、决算，工程人员不得自行为承包单位制作预算、决算书。对于大额贷款项目的预算、决算，应由银行进行严格审核。

3. 发挥行政监管的作用，强化建设领域行政主管部门的监督管理责任。突出资质评估和审查、税收、财务监督和审计监督等项工作，对建设项目的报建、招投标、质量、设计、拆迁、施工、造价等实行严格监管，强化对城镇土地使用权、企业土地资产的控制和管理；规范行政主管部门行为，实行重要决议集体决定制、执行分权制度和人员交流制度，加强对重要岗位和人员的监督制约。

10.7.3 农村基层组织公职人员经济犯罪预防

1. 强化群众监督与政府监督，尤其要加强对基层干部"一把手"的监督力度。通过对基层领导干部进行群众监督，加强群众监督的意识，疏通群众举报的渠道，使群众监督发挥一定的作用，同时，要加强纪委监察、审计等部门的监督。

2. 加强对专项资金的监督管理和财务管理。农村作为目前政府政策倾斜的重点，很多涉农款与农业专用款都需要审计部门的强有力的监督，因此，应健全该项资金的监管体系，使得农村基层干部无漏洞可钻。

3. 对乡村干部、农民普及法律知识，可以解决乡村干部、广大农民法律知识贫乏、法治意识淡薄的问题，促进基层的依法治理。促进基层的依法治理，必须给予充分重视，投入足够人力、物力、财力。

10.8 基于资金流动视角的遏制公职人员经济犯罪的对策建议

理论上讲，大多数经济犯罪的目标都是指向经济利益的，正如 FATF 主席阿莫斯所说："诱使人们参加包含腐败在内的犯罪活动的主要原因之一就是为了赚取经济利益。然而，犯罪分子不仅对赚钱感兴趣，他们还关心在不引起别人注意他们及他们非法财产来源的情况下，享受他们的犯罪所得或者将犯罪所得进行再投资。"因此，从公职人员经济犯罪所得入手，运用反洗钱手段，堵住公职人员非法所得转移渠道，使公职人员意识到即使通过经济犯罪得到收益，也无法占为己有或是进行消费，从而迫使其放弃经济犯罪的念头。

1. 特别关注那些受到诫勉谈话或纪委约谈的干部的动向，提升对公职人员外逃的防范能力

不法公职人员一旦被举报，尤其是在有案底的情况下，通过地下钱庄、黑社会等方式将非法资产进行迅速转移，也有些干部在接受调查前、接受调查后、

立案前、立案后选择快速外逃。因为这些人有转移非法所得的急迫感，即时间较短的洗钱路径往往成为其转移不法所得的首要路径选择。因此，需要加大对"有违纪或犯罪嫌疑的公职人员"本人及其利益关系人的监视力度，包括这些人的动向和资金账号的监测。

2. 全面关注"裸官"的行为，加大对其异常举动的监控

"裸官"进行外逃前期都有一些特别的敏感行为，对于"裸官"自身来说，需要重点注意其个人举止、言谈等。对于"裸官"，外逃的首要迹象是资产转移，需加强对"裸官"及其关联账号资金往来、流向、额度以及次数等情况的监管。同时，要从制度建设方面制止"裸官"腐败和外逃行为的发生，加强"裸官"及家庭成员的信息公开和财产申报公开制度，健全"裸官"外逃责任追究制度，完善举报奖励制度。

3. 推行信息公开制度，加强公职人员财产的有效监察

上游经济犯罪获取非法资产是影响公职人员洗钱犯罪的根本，敛财额度、打击环境、心理承受力等是不法公职人员是否采取洗钱犯罪手段的影响因素。经课题组统计分析，公职人员上游敛财突出表现为贪污、受贿。因此，建立公职人员财产申报、公布制度，有利于从洗钱网络的源头来控制洗钱总流量。

4. 从洗钱多环节入手，提高转移流量较大的洗钱方式的成本和风险

地下钱庄、对外贸易、房地产等洗钱方式交易额较大，这几种洗钱方式有助于洗钱者进行大量非法资金的清洗，成为不法公职人员洗钱的首选渠道，因此，提高大额可疑交易的实时分析效率和精确度是科学反洗钱的根本。此外，对单位和个人的存款实名制要求应进一步规范，对账户设立要求应更进一步严格，对纳税情况和国际收支情况应更加严格检查，从而使违法资金难以顺利进入资金市场，提高违法交易的成本与风险。

5. 针对公职人员洗钱，优化监测那些转移时间较短的洗钱方式

通过地下钱庄、房地产以及银行账户洗钱等洗钱方式洗钱所需时间都较短，因此，加强对涉嫌腐败资金类地下钱庄，对跨境携带现金，对利用企业间关联交易向境外转移资金，对利用银联卡向境外交易转移资金等手段应严格监测。此外，建立激励机制，鼓励商业银行积极反洗钱，加大对消极反洗钱金融机构的惩处力度，从而直接或间接地提高洗钱者洗钱成本、延缓洗钱时间。

10.9　对检察院立案信息的建议

在进行实地调研中，检察机关供查阅的资料有两类，包括不法公职人员犯罪行为的立案信息与不法公职人员的判决书。

立案信息中描述了不法公职人员年龄、受教育程度、级别等客观信息，但缺失了对不法公职人员的行业、工作年限、家庭成长情况等信息的描述，这从侧面反映了本文所要研究的内容恰恰是检察机关所忽视的内容。

另外，检察机关在侦破案件之后，很少深层次分析犯罪者个人背景、心理因素是否对上游经济犯罪有影响，上游经济犯罪是否与下游资产处置方式有潜在关联性。这客观上降低了预防公职人员犯罪的作用，降低了侦测效率，加大了侦测成本和难度。因此，检察机关有必要在其原有调查信息表的基础上充实和完善相关信息，如不法公职人员成长的家庭状况、所处行业、晋升情况、有无行贿行为、受贿所得去向等。

参 考 文 献

［1］艾东全．对农村基层反腐败工作的思考［J］．行政与法，2008（9）：56－58．

［2］鲍绍坤．论贪污贿赂罪、渎职罪的竞合、惩治和防范［J］．中国刑事法杂志，2001（7）：54－61．

［3］蔡永红，姜勤德．统计在社会科学领域应用的新进展及反思［J］．统计研究，2006（2）：66－69．

［4］车承军．贪污贿赂犯罪人心态分析［N］．人民检察，2001－07－20．

［5］陈昊．当前农村基层干部职务犯罪问题研究［J］．前沿，2010（24）：27－29．

［6］陈莉．国外房地产业反洗钱的主要做法［J］．西南金融，2009（3）：56－57．

［7］陈利浩．少数公职人员有明显贪腐——多数有灰色收入［N］．法制日报，2013－05－12．

［8］陈良炳．国家工作人员职务犯罪心理初探［J］．赣南师范学院学报，2003（2）：116－118．

［9］陈平．中国省部级官员腐败分析［D］．广州：暨南大学，2006．

［10］陈文权，余雅洁．官员财产申报公示制度研究态势及其下一步［J］．重庆社会科学，2013（10）：22－30．

［11］陈文新．腐败心理与腐败治理［J］．云南行政学院学报，2012（5）．

［12］程荣．论犯罪成本的经济学分析［J］．内蒙古农业大学学报（社会科学版），2011，13（3）：31－32．

［13］程小白，王强．试论腐败洗钱及其对策［J］．犯罪研究，2007（5）：

32 – 37.

[14] 崔海燕. 习惯形成与中国城乡居民消费行为 [D]. 太原：山西财经大学，2012.

[15] 董柳，陈睿哲. 广东东莞人大原副主任住所起获逾千万现金 [N]. 羊城晚报，2013 – 08 – 27.

[16] 董新伟. 中国公务员腐败现状、成因及治理对策——基于内容分析的研究 [D]. 浙江大学硕士学位论文，2011.

[17] 杜鹏，汪锋，张宗益. 时间和收入来源对城市居民收入分配差距的影响——对深圳市城市居民家庭收入变动性和收入来源的实证研究 [J]. 统计研究，2008（12）：24 – 31.

[18] 杜宇红. 高级官员腐败犯罪的原因及预防研究 [D]. 长沙：湖南师范大学，2006（11）.

[19] 段小力. 村官腐败的经济原因及预防对策 [J]. 前沿，2009（1）：19 – 21.

[20] 范柏乃，安慧霞. 我国乡村干部的腐败问题及其治理对策研究 [J]. 公共管理学报，2007（3）.

[21] 冯德文，陈斌. 论公职人员职务犯罪及其预防 [J]. 辽宁警专学报. 2004（5）：31 – 33.

[22] 冯芸，杨冬梅，吴冲锋. 洗钱行为识别与监管 [M]. 上海：上海交通大学出版社，2008.

[23] 傅夏仙，吴晓谊. 公共部门人力资源管理基础 [M]. 上海：上海人民出版社，2005.

[24] 甘艳. 浅论国家公职人员隐私权的限制 [J]. 文教资料，2009（23）.

[25] 高波，苗文龙. 转型期腐败行为与洗钱途径分析 [J]. 中国金融，2013（13）：78 – 80.

[26] 高鸿业. 西方经济学（第三版）[M]. 北京：中国人民大学出版社，2005.

[27] 高翔. 公职人员经济犯罪的心理分析 [D]. 太原：山西师范大学硕士学位论文，2012.

［28］高增安. 基于交易的可疑洗钱行为模式与反洗钱对策研究［D］. 成都: 西南交通大学, 2007.

［29］葛凤山. 贪污贿赂犯罪心理的形成与遏制分析［J］. 法制与社会, 2008（35）: 220 - 221.

［30］葛庆臻. 反腐败与反洗钱的互动效应［J］. 记者观察, 2006（5）: 56 - 59.

［31］郭冬梅, 马罡. 基层职务犯罪的高发成因及打防对策［J］. 华章, 2007（9）: 69 - 70.

［32］郭强华. 国家公职人员腐败预警指标体系的构建［J］. 统计与决策, 2007（7）: 61 - 62.

［33］郭悦超. 低级别公职人员非法资产处置分析［D］. 太原: 太原科技大学, 2013.

［34］过勇. 当前我国腐败与反腐败的六个发展趋势［J］. 中国行政管理, 2013（11）: 60 - 63.

［35］韩东伟. 农村基层腐败及其防治研究［D］. 大连: 大连理工大学, 2007.

［36］韩凤晶, 石春生. 新兴产业企业动态核心能力构成因素的实证分析［J］. 中国软科学, 2010, 12（5）: 166 - 175.

［37］和蕾. 中国企业家犯罪及防控对策研究［D］. 武汉: 华中师范大学, 2012.

［38］侯杰泰, 成子娟, 钟财文. 结构方程式之拟合优度概念及常用指数之比较［N］. 教育研究学报, 1996（11）: 73 - 81.

［39］侯杰泰, 温忠鳞, 成子娟. 结构方程模型及其应用［M］. 北京: 教育科学出版社, 2008.

［40］侯杰泰. 为何需要结构方程模式及如何建立潜伏变项［N］. 教育研究学报, 1994（9）: 87 - 92.

［41］胡平. 我国公务员薪酬结构与薪酬标准研究［D］. 北京: 首都经济贸易大学城市经济与公共管理学院, 2007.

［42］胡松太. 论经济犯罪的预防和打击［D］. 青岛: 中国海洋大学, 2008.

［43］黄友，张腾文. 双重预算约束下的消费者最优选择［J］. 财政研究，2007（8）：29－31.

［44］姜宁. 重点领域和关键环节腐败案例剖析［M］. 北京：中国方正出版社，2011.

［45］姜兆军. 公务人员家庭财产申报制度研究［D］. 昆明：西南政法大学法学院，2007.

［46］蒋红军. 制度约束、多元机制及政策选择——从新加坡高级官员监督经验看我国党政"一把手"监督［J］. 云南行政学院学报，2011（3）.

［47］蒋雁. 大学生创业倾向影响因素的结构方程构建与实证研究——以温州在校大学生为例［D］. 杭州：浙江工商大学. 2008.

［48］金东兴. 领导干部腐败的家庭情感因素分析［J］. 北华大学学报（社会科学版），2007（4）：15－18.

［49］金雪军，杨晓兰. 实验经济学［M］. 北京：首都经济贸易大学出版社. 2006.

［50］金玉国. 从回归分析到结构方程模型：线性因果关系的建模方法论［J］. 山东经济，2008（2）：19－24.

［51］柯鸣. 我国经济犯罪及侦查理论研究［D］. 武汉：华中师范大学，2001.

［52］孔德云. 腐败动机影响因素实证研究［J］. 中国科学技术大学，2009.

［53］孔繁琼. 公职人员洗钱犯罪与上游犯罪关系的实证研究［D］. 太原：太原科技大学，2010.

［54］赖国毅，陈超. SPSS 17.0 常用功能与应用实例精讲［M］. 北京：电子工业出版社，2010.

［55］兰斯多夫. 腐败与改革的制度经济学：理论证据与政策［M］. 北京：中国方正出版社，2007.

［56］李顶男. 转型经济背景下不同层级政治关联对民营企业银行贷款影响的研究［D］. 苏州：苏州大学，2012.

［57］李冠山. 中外洗钱犯罪研究［D］. 大连：大连海事大学，2001.

［58］李怀组. 管理研究方法论［M］. 西安：西安交通大学出版社，2004.

［59］李军．基于经济学的腐败风险分析［J］．中央财经大学学报，2011（7）：73 - 76.

［60］李涛．专家呼吁尽快制定举报法 民调认同此乃当务之急［N］．中国青年报，2009 - 03 - 17.

［61］李锡海．文化与犯罪研究［M］．北京：中国人民公安大学出版社，2006.

［62］李晓明，任慧．腐败心理形成及其动态轨迹分析［J］．国家检察官学院学报，2007（4）：99 - 106.

［63］李筱．完善公职人员财产申报制的障碍［J］．法制与社会．2011（32）：107 - 109.

［64］李轩甫．家庭合谋腐败淹没幸福港湾［N］．检察官日报，2010 - 05 - 11.

［65］李燕凌．我国近年来反腐败问题研究综述［J］．中国行政管理，2011（9）．

［66］李益骐，田高良．上市公司财务危机预警实证研究［J］．西北大学学报（哲学社会科学版），2009，9（5）：79 - 82.

［67］李迎春．当前腐败现象产生的心理因素分析［J］．兵团党校学报，2007，106（3）：45 - 47.

［68］李勇．当代中国腐败问题研究［D］．沈阳：东北大学，2008.

［69］李云．基层腐败及其治理路径选择［J］．魅力中国，2011（8）．

［70］联合国．联合国打击跨国有组织犯罪公约［EB/OL］．2000，http：//www. law - lib. com.

［71］梁欢，汤俊．我国金融机构反洗钱监控名单的建立与完善［J］．西南金融，2011（1）．

［72］林山田．经济犯罪与经济刑法［M］．中国台湾：台北三民书局，1981.

［73］林翼民．腐败的预警预控体系分析［J］．经济研究导刊，2011（11）：163 - 165.

［74］林震岩．多变量分析：SPSS 的操作与应用［M］．北京：北京大学出版社，2007.

［75］刘长江．论腐败的隐蔽性［J］．理论月刊，2003（4）．

［76］刘国胜．浅谈预防农村基层干部经济犯罪［J］．审计与理财，2003（22）：63.

［77］刘建国．惩贪警示录［M］．北京：中国方正出版社，2009.

［78］刘建清．论职务犯罪心理及其预防［J］．政法学刊，2005（1）：38－40.

［79］刘立成．中外财产申报制度比较分析［D］．北京：外交学院硕士学位论文，2009.

［80］刘明波．中外财产申报制度述要［M］．北京：中国方正出版社，2001.

［81］刘娜．基于会计视角的企业资金异常流动检测研究［D］．太原：太原科技大学，2008.

［82］刘启君．公务员腐败决策过程及其对反腐败制度的歧视［J］．华中科技大学学报（社会科学版），2005（2）．

［83］刘倩．基于二元逻辑模型的企业财务预警机制研究［J］．统计与决策，2010，12（4）：37－41.

［84］刘伟．基于结构方程的政府信用对政府绩效的激励研究［D］．杭州：浙江大学公共管理学院，2008.

［85］刘晓娜．基于效用理论的公职人员最低洗钱金额研究［J］．中北大学学报（社会科学版），2010，26（2）：37－41.

［86］刘兴权．职务犯罪的十种心理特征［J］．吉林金融研究，2006（2）．

［87］刘行川．推进惩治和预防腐败体系建设调研报告集［M］．北京：中国方正出版社，2009.

［88］刘炎，刘才光．职务犯罪的特点、成因及对策［J］．福建政法管理干部学院学报，2003（1）：8－11.

［89］刘宇．论我国经济刑法及其立法形式体系［J］．广东青年干部学院学报，2005（2）．

［90］柳晞春．透析十大腐败犯罪现象［M］．北京：中国方正出版社，2009.

［91］龙文，王惠文．成分数据偏最小二乘 Logistic 回归模型及其应用［J］．数量经济技术经济研究，2009，12（9）：156－161．

［92］卢晖．经济腐败的经济学分析［J］．财经问题研究，2012（2）：10－14．

［93］罗大华，何为民．犯罪心理学［M］．北京：中国政法大学出版社，2007．

［94］罗侃平．基层腐败案例剖析［M］．北京：中国方正出版社，2010．

［95］罗丽．《联合国反腐败公约》中的贿赂公职人员犯罪与我国刑法的协调完善［D］．北京：北京师范大学，2006．

［96］马海斌．重点领域和关键环节腐败案例剖析［M］．北京：中国方正出版社，2009．

［97］马钧，王宁，孔德洋．基于 AHP 及 logistic 回归的新能源汽车市场预测模型［J］．同济大学学报（自然科学版），2009，8（8）：1079－1083．

［98］米镝．经济犯罪侦查概论［M］．郑州：河南人民出版社，2007．

［99］倪集华．新型受贿犯罪：收受干股列榜首［J］．经济参考报，2010－07－05．

［100］倪星，王立京．中国腐败现状的测量与腐败后果的估算［J］．江汉论坛，2003（10）．

［101］倪星．理性经济人视角下的官员腐败研究［J］．广州大学学报（社会科学版），2009（6）．

［102］牛强．贪污贿赂犯罪中的洗钱行为分析［D］．昆明：西南政法大学硕士学位论文，2009．

［103］欧阳卫民．我国反洗钱若干重大问题（下）［J］．财经理论与实践，2006（4）：4－11．

［104］欧阳卫民．中外洗钱案例评析［M］．北京：法律出版社，2005：19－31．

［105］帕累托．二八法则［M］．北京：华文出版社（第一版），2004．

［106］彭清燕．职务犯罪心理研究［J］．河北法学，2004（3）：142－145．

［107］平新乔．微观经济学十八讲［M］．北京：北京大学出版社，2001．

［108］乔德福．群众举报腐败行为工作机制探究［J］．郑州大学学报（哲学社会科学版），2007.

［109］阮方民．洗钱犯罪的惩治和预防［M］．北京：中国检察出版社，1998.

［110］上官春光．反贪办案一本通［M］．北京：中国检察出版社，2009.

［111］沈体雁，罗丽娥，李迅，朱荣付，杨开忠．基于 LRM 的北京城市未来增长模拟研究［J］．北京大学学报（自然科学版），2007，11（6）：776 - 783.

［112］史子兴．公职人员职务犯罪现状及心理原因探讨［EB］．2006，http：//www. qyw. gov. cn.

［113］宋波，徐飞．有限理性下消费者的贪心选择行为分析［J］．上海管理科学，2010（8）：56 - 59.

［114］苏芳荔. B2C 电子商务活动中信息不对称问题研究［D］．武汉：华中师范大学，2006.

［115］苏满满．腐败心理预防论［M］．北京：中国方正出版社，2009.

［116］孙景，李志伟，刘炜．基于逻辑回归的企业大额可疑外汇资金交易识别模型［J］．上海金融，2008（6）：58 - 61.

［117］孙亚伟．公职人员职务犯罪心理及询问策略［J］．铁道警官高等专科学校学报. 2006，4（16）：90 - 93.

［118］孙忠诚．基层腐败案例剖析［M］．北京：中国方正出版社，2009.

［119］唐旭东：洗钱犯罪的现状与对策［D］．成都：西南财经大学，2004.

［120］陶建荣．黑色人生警示录：江苏反腐大案纪实［M］．南京：江苏文艺出版社，2002.

［121］滕亚为．国家工作人员职务经济犯罪及防治探析［J］．探索，2001（1）：140 - 141.

［122］田银华，龙朝阳，易菲．基于行为决策理论的腐败行为分析及其治理［J］．当代财经，2008（2）.

［123］田银华，龙朝阳．腐败行为及其治理选择［J］．公共管理学报，2008（4）：46 - 52.

［124］汪远征，徐雅静．SAS 软件与统计应用教程［M］．北京：机械工业出版社，2007.

［125］王楚．当前基层职务犯罪的特点、成因及对策研究［J］．法学研究，2010（9）：110－112.

［126］王沪宁．当前腐败的特点和趋向：政策选择［J］．社会科学，1995（7）．

［127］王沪宁．反腐败——中国的实验［M］．海南：海南三环出版社，1989.

［128］王济川，郭志刚．Logistics 回归模型——方法与应用［M］．北京，高等教育出版社，2001.

［129］王科．中国公职人员财产申报制度构建研究［D］．长沙：湘潭大学硕士学位论文，2009.

［130］王礼鑫，顾智敏．权力腐败的"制度—行为"分析模型［J］．西南师范大学学报（社会科学版），2002（7）．

［131］王利民．工程建设领域典型案件剖析与预防腐败指引［M］．北京：中国方正出版社，2009.

［132］王明高，胡祥勇．中国家庭财产申报制的建立与健全［J］．湖南社会科学．2004（1）：68－74.

［133］王祺国，覃文光，李洪发．和谐语境下的农村基层干部职务犯罪预防问题研究［J］．中共四川省委省级机关党校学报，2008（1）：21－24.

［134］王荣利．中国企业家犯罪报告［J］．法人，2009（1）：34－44.

［135］王瑞娟．完善我国举报制度的思路探讨［J］．理论探索，2005（4）：59－61.

［136］王天兵．扩大洗钱罪上游犯罪初探［J］．理论探讨，2006（4）：47－48.

［137］王振友，陈莉娥．多元线性回归统计预测模型的应用［J］．统计与决策，2008，2（5）：46－47.

［138］卫丽．职务犯罪侦查权配置研究［J］．浙江工业大学，2011（3）．

［139］魏景柱，关开澄，李春华．效用现值模型及其在反腐败行为中的应用［J］．大庆石油学院学报，2006（2）：90－92.

[140] 魏志静，刘希玉，赵庆祯，井源．基于 SPSS 软件与多元线性回归分析理论的分析［J］．信息技术与信息化，2006（3）：15－20.

[141] 温忠鳞，侯杰泰，马什赫伯特．结构方程模型检验：拟合指数与卡方准则［J］．心理学报．2004，36（2）：186－194.

[142] 翁清雄，胡蓓．员工职业成长的结构及其对离职倾向的影响［J］．工业工程与管理，2009（1）：97－104.

[143] 吴付科，胡适耕，曾宪初．基于有效工资理论的腐败行为特征分析［J］．系统工程理论与实践，2011（3）．

[144] 吴航．房地产领域经济犯罪现状透析［J］．公安研究，2008（8）：38－45.

[145] 吴若若．论公职人员职务犯罪心理［J］．法律时空，2010（347）：183－184.

[146] 吴兴人．迟到的忏悔［M］．上海：华东师范大学出版社，2009.

[147] 武小悦．决策分析理论［M］．北京：科学出版社，2010.

[148] 谢端纯．房地产行业反洗钱可疑资金监测模型研究［J］．南方金融，2010（1）：25－30.

[149] 谢明．浅析行贿受贿行为［J］．北京行政学院学报，2005（1）．

[150] 谢平，陆磊．利益共同体的胁迫与共谋行为：论金融监管腐败的一般特征与部门特征［J］．金融研究，2003（7）．

[151] 熊光清．当前中国的腐败问题与反腐败策略［J］．社会科学研究，2011（5）：53－58.

[152] 徐进辉．反腐倡廉建设新经验与新对策［M］．北京：中国方正出版社，2009.

[153] 徐凝．国家公职人员经济犯罪心理分析［J］．产业与科技论坛，2006（6）：50－51.

[154] 徐燕．反洗钱法为遏制腐败壮行［J］．中国人大，2006（11）：9－12.

[155] 徐媛．基于惩防体系的企业腐败预警系统研究［D］．宁波：宁波大学硕士学位论文，2011.

[156] 许迈永．受贿贪污滥用职权案和姜人杰受贿案［N］．人民法院

报，2011.

[157] 严立新. 中国反洗钱战略（2013—2018）的升级转型及其实施机制的建立 [J]. 管理世界，2013 (9)：1 - 8.

[158] 杨冬梅，吴冲锋，冯芸. 金融网络中洗钱资金异常转移路径的经济成本模型 [J]. 系统工程理论与实践，2006 (5).

[159] 杨红梅，刘荣. 农村基层干部职务犯罪案件实证分析 [J]. 法制与社会，2010 (34)：290 - 291.

[160] 杨解朴. 德国的反腐败机制 [J]. 党建，2006 (1)：46 - 47.

[161] 杨兴培，李翔. 经济犯罪和经济刑法研究 [M]. 北京：北京大学出版社，2009.

[162] 杨月斌. 新型经济犯罪问题探讨 [J]. 学术交流，2005 (2)：45 - 48.

[163] 杨智国. 反洗钱在惩防腐败中的作用 [J]. 中国金融，2013 (19)：73 - 74.

[164] 应悦. 洗钱罪的上游犯罪问题研究 [J]. 上海大学学报，2003，10 (6)：71 - 74.

[165] 余捷. 职务犯罪侦查模式论 [M]. 北京：中国检察出版社，2008.

[166] 余立凡，曾五一. 上市公司财务危机预警的 Logistic 模型 [J]. 东南学术，2005 (2)：110 - 114.

[167] 余荣华. 中国民营富豪落马原因及管理对策研究 [D]. 武汉：华中科技大学，2011.

[168] 岳彦忠. 论中国贿赂犯罪的情景预防 [D]. 济南：山东大学，2007.

[169] 云菲. 反腐败洗钱制度体系构建与评价研究 [D]. 成都：西南交通大学硕士学位论文，2008.

[170] 张超. 房地产业反洗钱现状：一项问卷调查的启示 [J]. 金融发展评论，2013 (1)：143 - 147.

[171] 张华鹏. 贪污罪主体研究 [D]. 成都：西南政法大学，2007.

[172] 张琼. 我国公务员工资与收入差异研究 [D]. 杭州：浙江大学硕士学位论文，2010.

［173］张群，张积林．多因素数据重心预测方法及应用研究［J］．中国管理科学，2005，13（5）：126－129.

［174］张苏．腐败资金转移境外的新特征与防治对策［J］．法治与社会，2013（3）：74－75.

［175］张涛．政府高官受贿腐败的特征——基于76个受贿罪案的实证研究［J］．当代中国政治研究报告，2011（9）：209－221.

［176］张伟．洗钱罪的上游犯罪问题研究［D］．郑州：郑州大学，2007.

［177］张亚明，黄梅丽．基于公共选择理论的腐败治理制度研究［J］．内蒙古社会科学，2011（3）：11－16.

［178］张燕玲．金融业反洗钱问题研究［J］．国际金融研究，2002（11）：4－12.

［179］张旸．从需要的视角反思教育——论"教育需要"的内涵及其研究的意义［J］．教育科学研究，2011（8）.

［180］张增田，孙士旺．基于前景理论的腐败行为分析与反腐对策［J］．行政论坛，2008（4）：26－29.

［181］章文波，陈红艳．实用数据统计分析及SPSS12.0应用［M］．北京：人民邮电出版社，2006.

［182］赵武安．纪检监察监督问题研究［M］．北京：中国方正出版社，2009.

［183］赵兴武．南京化建原董事长李章国获刑十四年［N］．人民法院报，2011.

［184］郑利平．腐败的经济学分析［M］．北京：中共中央党校出版社，2001.

［185］中国法制出版社．中华人民共和国反洗钱法［M］．北京：中国法制出版社，2006.

［186］中华人民共和国国务院新闻办公室《中国的反腐败和廉政建设》白皮书，2010（12）.

［187］中纪委向中央通报"反腐败斗争工作的新动向"［EB/OL］．http：//sc. sina. com. cn/news /z/2013－01－19/114461128. html.

［188］周军明．反洗钱在预防和惩治腐败中的作用与机制研究［J］．西部

金融，2010（10）：48-49.

［189］周瑞凌，陈宏民，胥莉．利用 Logistic 回归模型对上市公司被国企和民企收购的预测［J］．上海交通大学学报，2006，40（9）：1580-1590.

［190］周三多，陈传明．管理学原理［M］．南京：南京大学出版社，2006.

［191］周友棒．反洗钱的审计使命及其战略［J］．中国审计，2005（8）：43-46.

［192］庄德水．廉政视角下公职人员的利益冲突问题研究［D］．北京：北京大学，2009.

［193］左雪峰．公共权力腐败行为的经济学分析［J］．统计与决策，2009（9）：56-58.

［194］左运光．建立房地产行业反洗钱监测和管理机制的实务性研究［J］．南方金融，2011（9）：81-84.

［195］［法］孟德斯鸠．论法的精神［M］．张雁深译．北京：商务印书馆，1982.

［196］［美］加里·贝克尔．人类行为的经济分析［M］．王业宇，陈琪译．上海：三联书店，上海人民出版社，1995.

［197］薛耀文，王雪娟．洗钱交易模式及其防范分析［J］．系统管理学报，2008（4）.

［198］薛耀文，高翔．公职人员经济犯罪心理形成过程分析［J］．犯罪研究，2012（3）：49-55.

［199］薛耀文，刘利利．高低级别公职人员经济犯罪行为决策差异分析［J］．经济与管理，2013（8）：27-31.

［200］薛耀文，王飞飞．影响公职人员下游洗钱方式的因素分析［J］．广州大学学报（社会科学版），2013（7）：11-14.

［201］薛耀文，郭佩．房地产行业洗钱行为分析及监测［J］．经济与管理，2014（4）：67-72.

［202］薛耀文，王飞飞．公职人员非法资产处置方式实证研究［J］．山西师大学报（社会科学版），2012（5）：28-32.

［203］薛耀文．金融网络中资金异常流动监测研究［M］．北京：中国金融

出版社，2009．

［204］薛耀文．西方经济学［M］．北京：兵器工业出版社，2000．

［205］单云慧，薛耀文．公职人员个人陷入网络舆情下的即兴决策［J］．领导科学，2014（2）：20 - 23．

［206］郭佩，薛耀文．公职人员经济犯罪影响因素分析——基于受贿视角的实证研究［J］．廉政文化研究，2013（1）：51 - 58．

［207］郭悦超，薛耀文．低级别公职人员非法资产处置途径分析［J］．廉政文化研究，2012（4）：71 - 75．

［208］张岱，薛耀文．不法公职人员非法资产处置及其洗钱特征分析［J］．西南金融，2014（4）：17 - 20．

［209］白婕，薛耀文．不同洗钱模式归类及其监测研究［J］．海南金融，2014（4）：82 - 87．

［210］刘利利，薛耀文．高低级别公职人员经济犯罪隐蔽性比较研究［J］．经济与管理，2012（9）：9 - 13．

［211］Abed, G. T. and H. R. Davoodi（2002），"Corruption, Structural Reforms, and Economic"，Governance, Corruption & Economic Performance, ed. by G. T. Abed and S. Gupta［J］．International Monetary Fund, Washington D. C.

［212］Alexander G. Kalman：Organized Economic Crime and Corruption in Ukraine［J］．Trends in Organized Crime, 2001（2）．

［213］Anderson J. C, Garbing D. W. Structural equation modeling in practice：A review and recommended two - step approach［J］．Psychological Bulletin, 2007．

［214］Bentham J. An Introduction to the Principles of Morals and Legislation［M］．New York：Harper, 1963．

［215］Bentler P. M. , Bonett D. G. Significant tests and goodness of fit in the analysis of covariance structures［J］．Psychological Bulletin, 1980．

［216］Bentler P. M. Comparative fit indexes in structural models［J］．Psychological Bulletin, 1990（107）．

［217］Chong, Alberto, Lopez - de - Silanes, Florencio. Money Laundering and its Regulation. RES Working Papers 1053, Inter - American Development Bank, Research Department, 2007．

［218］ Dreher, A. C. Kotsogiannis, S. McCordston. Corruption Around the World: Structural Model ［M］. Journal of Economics, 2007.

［219］ Fleming, P. , Zyglidopoulos, S. The Escalation of Deception in Organizations ［P］. OS summer work shop in Santorin, Greece, 2005.

［220］ Harry Travers, BCL Burton Copeland. Serious Economic Crime ［M］. Published in association with the Serious Fraud Office (SFO), 2011.

［221］ Hsinchun Chen, Crime Data Mining: A General Framework and Some Examples ［J］. Journal of computer, 2004 (4).

［222］ Hu L, Bentler P M. Evaluating model fit. In R H Hoyle (Ed.), Structural equation modeling: Concepts, issues, and applications (pp. 76 – 99). ［J］. Tgiysabd Oaks, CA: Sage, 1995.

［223］ James Weber. The Impact of Corruption on Economic Growth: Does Government Matter ［J］. TheAcademy of Management Perspectives, 2008, 22 (4).

［224］ Johann Graf Lambsdoref. Institutional Economics of Corruption and Reform: Theory, Evidence and Policy ［M］. Cambridge University Press: 2007.

［225］ KIM Hongil, BAEK Seung. Forecasting Winning Bid Prices in an Online Auction Market – Data Mining Approaches ［J］. Journal of Electronic Science and Technology of China, 2004 (3).

［226］ Lorenzo Pellegrino, Reyer Gerlagh. 2006. Causes of corruption: a survey of cross – country analyses and extended results ［J］. Economics of Governance, 2008 (2).

［227］ M. Weber, Economy And Society ed. G. Roth and C. ［J］. Wittich, New York: Bedminster Press, 1968.

［228］ Olatunde Julius Otusanya. Corruption as an obstacle to development in developing countries: a review of literature ［J］. Journal of computer, 2011 (4).

［229］ Philippe Bastien, Vincenzo Esposito Vinzi, Michel Tenenhaus. PLS Gerneralised Linear Regression, Computational Statistics and Data Analysis ［J］. 2005, Vol. 48.

［230］ RAIN – EUDY R. Using Structural Equation Modeling to Test for Differential Reliability and Validity: An Empirical Demonstration ［J］. Structural Equation

Modeling, 2000, 7 (1) .

[231] Reka Alebert, Albert – Laszio Barabasi. Statistical mechanics of complex networks [J] . Reviews of modern physics, 2002 (1) .

[232] Rossiter J. and Percy L. Advertising Communications and Promotions Management. [J] . New York: McGraw – Hill, 1997.

[233] Shima D. Keene. Emerging threats: financial crime in the virtual world [J] . Journal of Money Laundering Control, 2012 (1) .

[234] Steiger J H. Structure model evaluation and modification: An interval estimation approach. [J] . Multivariate Behavioral Research, 1990 (25) .

[235] Susan Rose – Ackerman. Briefing: Risks of corruption in government infrastructure projects of Proceedings the Institution of Civil Engineers [J] . Municipal Engineer, 2008 (3) .